KB162350

송쌤의 엔트리 콘텐츠 작품집

송쌤의 엔트리 콘텐츠 작품집

ⓒ 2020. 송상수 All rights reserved.

1쇄 발행 2020년 8월 5일
3쇄 발행 2022년 11월 30일

지은이 송상수
펴낸이 장성두
펴낸곳 주식회사 제이펍

출판신고 2009년 11월 10일 제406-2009-000087호
주소 경기도 파주시 회동길 159 3층 / **전화** 070-8201-9010 / **팩스** 02-6280-0405
홈페이지 www.jpub.kr / **원고투고** submit@jpub.kr / **독자문의** help@jpub.kr / **교재문의** textbook@jpub.kr

소통기획부 김정준, 이상복, 송영화, 권유라, 송찬수, 박재인, 배인혜
소통지원부 민지환, 이승환, 김정미, 서세원 / **디자인부** 이민숙, 최병찬

진행 및 교정·교열 강민철 / **내지디자인** 블랙페퍼디자인 / **표지디자인** 미디어픽스
용지 타라유통 / **인쇄** 한길프린테크 / **제본** 일진제책사

ISBN 979-11-90665-42-1 (63000)
값 18,000원

제이펍은 독자 여러분의 아이디어와 원고 투고를 기다리고 있습니다. 책으로 펴내고자 하는 아이디어나 원고가 있는 분께서는 책의 간단한 개요와 차례, 구성과 저(역)자 약력 등을 메일(submit@jpub.kr)로 보내 주세요.

송쌤의 엔트리 콘텐츠 작품집

송상수 지음

Jpub
제이펍

차례

애니편

예술편

>>>>>

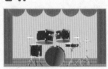

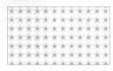

생활편 >>>>>

수학/ 과학편

>>>>>

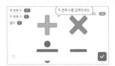

게임편

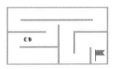

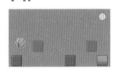

작품에 사용된 프로그래밍 개념과 엔트리 기능

챕터	제목	프로그래밍 개념	엔트리 기능
애니편	나를 소개합니다	순차	모양, 말하기
	초원을 달리는 강아지	순차, 반복	모양, 말하기, 이동하기
	좋아하는 노래 소개하기	순차, 이벤트	말하기, 소리, 글상자
	작품 공유하는 방법	순차, 이벤트	글상자, 장면
	엔트리봇의 댄스 파티	순차, 반복	모양, 효과, 소리, 이동하기
	황당한 등굣길	순차, 이벤트	모양, 말하기, 좌표, 이동하기
	우리나라의 국경일 소개	순차, 반복, 이벤트	모양, 말하기, 글상자, 장면
	생일 축하 카드	순차, 반복, 이벤트	모양, 말하기, 소리
	나의 하루	순차, 반복, 이벤트	모양, 말하기, 좌표, 이동하기
	공익 광고 만들기	순차, 반복, 이벤트	모양, 말하기, 크기, 소리, 좌표, 이동하기, 회전하기, 글상자
	토끼와 거북이 이야기	순차, 선택, 반복, 이벤트, 비교연산	모양, 말하기, 이동하기, 속성값, 글상자, 장면
	내 이름이 들어간 이야기	순차, 선택, 반복, 이벤트, 비교연산, 논리연산, 변수, 입출력	모양, 말하기, 크기, 이동하기, 문자열, 글상자, 장면
예술편	꽃 만들기	순차, 반복	효과, 회전하기, 도장찍기
	전자 악기	순차, 이벤트	크기, 소리
	무작위로 캐릭터 만들기	순차, 이벤트	모양, 말하기, 무작위 수
	드럼 비트 만들기	순차, 반복, 이벤트	소리, 이동하기
	풍경 꾸미기	순차, 반복, 이벤트	모양, 크기, 이동하기, 회전하기, 도장찍기
	추상화 그리기	순차, 반복, 이벤트	효과, 크기, 이동하기, 회전하기, 무작위 수, 도장찍기
	그림판	순차, 반복, 이벤트	이동하기, 그리기
	동물 포토북	순차, 이벤트	모양, 글상자, 장면

챕터	제목	프로그래밍 개념	엔트리 기능
예술편	대칭 그림 그리기	순차, 선택, 반복, 이벤트, 산술연산	모양, 좌표, 이동하기, 속성값, 그리기
	벽지 패턴 만들기	순차, 반복	모양, 좌표, 이동하기, 무작위 수, 도장찍기
	계이름 맞히기	순차, 선택, 비교연산, 변수, 입출력	말하기, 소리, 무작위 수
	한글 디자인하기	순차, 반복, 산술연산, 변수, 리스트	이동하기, 회전하기, 복제, 글상자
	클릭하면 터지는 효과	순차, 선택, 반복, 이벤트, 변수	모양, 좌표, 이동하기, 회전하기, 무작위 수, 복제, 글상자
	미디어 아트	순차, 반복, 산술연산, 변수	효과, 크기, 좌표, 이동하기, 무작위 수, 속성값, 복제
	오로라 그리기	순차, 선택, 반복, 이벤트, 비교연산, 변수	모양, 좌표, 이동하기, 무작위 수, 복제, 그리기
	불꽃놀이	순차, 선택, 반복, 이벤트, 비교연산, 변수	모양, 효과, 좌표, 이동하기, 회전하기, 무작위 수, 속성값, 복제
생활편	돋보기	순차, 선택, 반복	크기, 이동하기
	로봇청소기	순차, 선택, 반복	이동하기, 회전하기, 무작위 수, 그리기
	자동문	순차, 선택, 반복, 이벤트	모양, 이동하기
	사진 꾸미기	순차, 반복, 이벤트, 입출력	모양, 크기, 이동하기, 도장찍기, 글상자
	축구기사 자동 작성 로봇	순차, 이벤트, 변수, 입출력	말하기, 글상자
	번역기	순차, 이벤트, 변수, 입출력	말하기, 글상자, 인공지능
	반장 투표	순차, 선택, 이벤트, 비교연산, 변수, 입출력	말하기
	전자 도어락	순차, 선택, 반복, 비교연산, 변수, 입출력	모양, 말하기, 소리
	연예인 나이 구하기	순차, 산술연산, 변수, 입출력	말하기, 문자열
	주차 시뮬레이션	순차, 선택, 반복, 논리연산	말하기, 좌표, 이동하기, 회전하기
	발표자 뽑기	순차, 반복, 이벤트, 변수, 입출력, 리스트	말하기, 무작위 수
	로봇 강아지	순차, 선택, 반복, 이벤트, 비교연산	말하기, 좌표, 이동하기, 인공지능
	나의 소망 목록	순차, 선택, 이벤트, 비교연산, 변수, 입출력, 리스트	모양, 속성값, 글상자

챕터	제목	프로그래밍 개념	엔트리 기능
생활편	날씨 알리미	순차, 선택, 반복, 비교연산, 논리연산	모양, 문자열, 글상자, 확장
	마우스 움직임 따라하기	순차, 선택, 반복, 이벤트, 비교연산, 리스트	좌표, 이동하기, 속성값
	선호도 조사	순차, 선택, 반복, 이벤트, 비교연산, 변수	말하기, 크기, 글상자
	저녁메뉴 정하는 룰렛	순차, 선택, 반복, 이벤트, 비교연산, 논리연산, 변수	회전하기, 속성값, 글상자
	물병 편지	순차, 선택, 반복, 이벤트, 비교연산, 논리연산, 변수, 입출력, 리스트	모양, 소리, 좌표, 이동하기, 무작위 수, 글상자, 인공지능
수학 /과학편	아날로그 시계	순차, 반복, 산술연산	회전하기, 속성값
	정다각형 그리기	순차, 반복, 이벤트	이동하기, 회전하기, 그리기
	초시계	순차, 반복, 이벤트, 산술연산	초시계, 문자열, 속성값, 글상자
	계산기	순차, 이벤트, 산술연산, 변수, 입출력	말하기
	생일을 맞히는 수학 마술	순차, 선택, 산술연산, 비교연산, 변수, 입출력	말하기, 문자열
	다각형 넓이 구하기	순차, 선택, 산술연산, 비교연산, 변수, 입출력	말하기
	그림 그래프 그리기	순차, 반복, 이벤트, 산술연산, 입출력	모양, 크기, 좌표, 이동하기, 속성값, 도장찍기, 글상자
	일차함수 그래프 그리기	순차, 반복, 산술연산, 변수	모양, 좌표, 이동하기, 문자열, 그리기, 글상자
	택시요금 계산기	순차, 선택, 산술연산, 비교연산, 변수, 입출력	말하기, 문자열
	빛 반사 시뮬레이션	순차, 선택, 반복, 이벤트, 산술연산	모양, 이동하기, 회전하기, 속성값, 그리기
	태양계 행성의 크기와 거리	순차, 반복, 이벤트, 산술연산, 변수	크기, 좌표, 이동하기, 속성값
	기체 입자 시뮬레이션	순차, 선택, 반복, 변수	모양, 크기, 이동하기, 회전하기, 무작위 수, 복제
	성적 평균 계산기	순차, 반복, 산술연산, 변수, 입출력, 리스트	말하기, 문자열
	공 팅기기 시뮬레이션	순차, 선택, 반복, 산술연산, 변수	좌표, 이동하기
	딸기 우유 만들기	순차, 반복, 이벤트, 산술연산, 비교연산, 논리연산, 변수	모양, 효과

챕터	제목	프로그래밍 개념	엔트리 기능
수학/과학편	동전 던지기 확률 시뮬레이션	순차, 선택, 반복, 산술연산, 비교연산, 변수, 입출력	모양, 좌표, 이동하기, 무작위 수, 그리기, 글상자
게임편	시간 맞히기 게임	순차, 이벤트, 산술연산	말하기, 초시계, 문자열, 속성값
	고양이 피하기 게임	순차, 선택, 반복	모양, 이동하기, 회전하기, 초시계, 무작위 수
	달리기 게임	순차, 선택, 반복, 이벤트	모양, 말하기, 이동하기, 무작위 수
	자동차 레이싱 게임	순차, 선택, 반복, 이벤트	모양, 소리, 이동하기, 회전하기
	퀴즈 맞히기 게임	순차, 선택, 비교연산, 입출력	말하기
	불 피하기 게임	순차, 선택, 반복	모양, 말하기, 좌표, 이동하기, 초시계, 무작위 수, 복제
	새 막기 게임	순차, 선택, 반복, 이벤트, 비교연산	모양, 말하기, 좌표, 이동하기, 초시계, 무작위 수, 속성값, 복제
	방 탈출 게임	순차, 선택, 반복, 이벤트, 비교연산, 입출력	모양, 말하기, 효과, 크기, 이동하기, 속성값, 글상자, 장면
	농구공 잡기 게임	순차, 선택, 반복, 이벤트, 비교연산, 변수	크기, 이동하기, 회전하기, 초시계, 무작위 수, 속성값
	두더지 잡기 게임	순차, 선택, 반복, 이벤트, 비교연산, 변수	모양, 소리, 좌표, 이동하기, 초시계, 무작위 수, 속성값
	좀비 막기 게임	순차, 선택, 반복, 논리연산, 변수	모양, 크기, 소리, 좌표, 이동하기, 무작위 수, 복제
	공 튕기기 게임	순차, 선택, 반복, 논리연산, 변수	모양, 효과, 좌표, 이동하기, 복제
	민첩성 테스트 게임	순차, 선택, 이벤트, 비교연산, 변수	모양, 초시계, 무작위 수, 문자열, 속성값, 글상자, 장면
	핑퐁 게임	순차, 선택, 반복, 이벤트, 비교연산, 변수	모양, 좌표, 이동하기, 회전하기, 무작위 수, 속성값, 글상자
	야구 게임	순차, 선택, 반복, 이벤트, 비교연산, 논리연산, 변수	모양, 말하기, 소리, 좌표, 이동하기, 무작위 수
	승부차기 게임	순차, 선택, 반복, 이벤트, 비교연산, 논리연산, 변수	말하기, 소리, 좌표, 이동하기, 무작위 수
	선생님 몰래 춤추기 게임	순차, 선택, 반복, 이벤트, 비교연산, 논리연산, 변수	모양, 말하기, 초시계, 무작위 수, 문자열, 속성값, 글상자, 장면
	달려라 강아지 게임	순차, 선택, 반복, 변수, 함수	모양, 좌표, 이동하기, 무작위 수, 문자열, 속성값, 복제, 글상자

이 책의 구성 요소

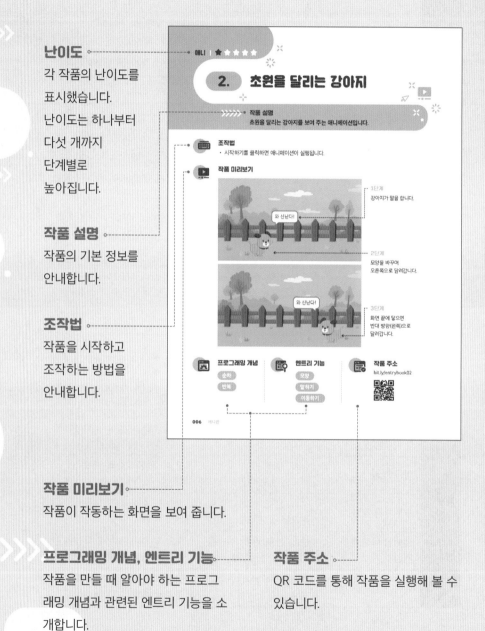

난이도

각 작품의 난이도를
표시했습니다.
난이도는 하나부터
다섯 개까지
단계별로
높아집니다.

작품 설명

작품의 기본 정보를
안내합니다.

조작법

작품을 시작하고
조작하는 방법을
안내합니다.

작품 미리보기

작품이 작동하는 화면을 보여 줍니다.

프로그래밍 개념, 엔트리 기능

작품을 만들 때 알아야 하는 프로그
래밍 개념과 관련된 엔트리 기능을 소
개합니다.

작품 주소

QR 코드를 통해 작품을 실행해 볼 수
있습니다.

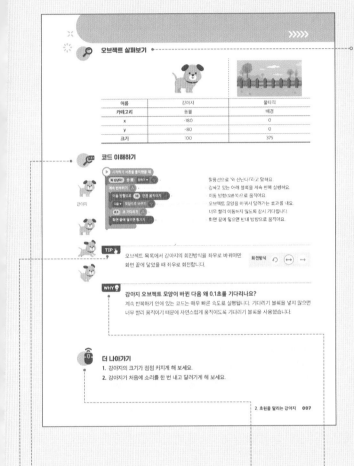

오브젝트 살펴보기

작품에 나오는 오브젝트 정보를 장면별로 모아서 한꺼번에 보여 줍니다. 별다른 설명을 읽지 않아도 작품에 필요한 오브젝트를 한 번에 설정할 수 있습니다.

코드 이해하기

완성된 코드 블록을 살펴봅니다.

TIP

프로그래밍 팁이나 엔트리 사용 노하우를 알려 줍니다.

WHY

프로그래밍 단계에서 좀 더 자세히 알아야 하는 요소를 추가로 설명합니다.

더 나아가기

완성한 예제에서 새로운 기능을 추가해 봅니다.

머리말

더 넓은 프로그래밍의 세계로 여러분을 초대합니다.

프로그래밍을 처음 배울 때의 설렘. 여러분은 기억하고 계신가요?

하지만 기초적인 내용을 배우고 나면 이것으로 무엇을 할 수 있을지 답답하고 막막할 것입니다. 내가 배운 개념이 실제로 어디에 어떻게 쓰이는지 알지 못하는 것이죠. 이때 다양하고 실제적인 예제를 보고 따라 만들다 보면 개념을 더 깊이 이해할 수 있고, 나만의 프로그램도 만들 수 있겠다는 자신감이 생기게 됩니다.

이 책은 엔트리로 만들 수 있는 80가지의 정제된 예제를 수록해 두었습니다. 예제에는 재미와 학습적인 요소가 조화롭게 반영되어 있습니다. 사전과 같은 방식으로 주제, 난이도, 개념별로 예제들을 정리해 두어서 원하는 내용을 찾기 쉽게 했습니다.

학생들은 주제, 난이도, 개념별로 다양한 예제를 직접 따라서 만들어 보고 나만의 것으로 수정해 보는 경험이 필요합니다. 이 책은 여러분의 프로그래밍 실력과 자신감을 빠르게 늘려 줄 것입니다.

교육자들은 이 책의 다양한 콘텐츠로 학습자 수준과 흥미에 맞는 체계적인 교수설계를 할 수 있습니다. 이 책은 여러분의 교육 과정과 수업을 손쉽고 빠르게 만드는 데 도움이 될 것입니다.

이 책이 여러분의 학습과 수업에 좋은 길잡이가 되기를 소망합니다!

송상수

애니편

1. 나를 소개합니다

작품 설명
자신을 소개하는 애니메이션입니다.

조작법
- 시작하기를 클릭하면 애니메이션이 실행됩니다.

작품 미리보기

1단계
소녀가 인사를 하고
오른쪽을 바라봅니다.

2단계
이름을 말하고
왼쪽을 바라봅니다.

3단계
사이좋게 지내자고 하고
사라집니다.

프로그래밍 개념
순차

엔트리 기능
모양 말하기

작품 주소
bit.ly/entrybook01

오브젝트 살펴보기

이름	소녀(2)	교실(2)
카테고리	사람	배경
x	0	0
y	-30	0
크기	100	375

코드 이해하기

소녀(2)

시작하기 버튼을 클릭했을 때	
애들아 안녕? 을(를) 2 초 동안 말하기	2초 동안 말풍선으로 인사해요.
좌우 모양 뒤집기	오브젝트 모양을 좌우로 뒤집어서 왼쪽을 바라봐요.
나는 영은이라고해 만나서 반가워 을(를) 4 초 동안 말하기	4초 동안 말풍선으로 이름을 말해요.
좌우 모양 뒤집기	오브젝트 모양을 좌우로 뒤집어서 오른쪽을 바라봐요.
앞으로 사이좋게 친하게 지내자! 을(를) 4 초 동안 말하기	4초 동안 말풍선으로 사이좋게 지내자고 말해요.
모양 숨기기	오브젝트 모양을 숨겨요.

TIP 시작하기를 클릭하면 블록은 위에서 아래 순서대로 하나씩 실행됩니다.

```
① 시작하기 버튼을 클릭했을 때
① 애들아 안녕? 을(를) 2 초 동안 말하기
② 좌우 모양 뒤집기
③ 나는 영은이라고해 만나서 반가워 을(를) 4 초 동안 말하기
④ 좌우 모양 뒤집기
⑤ 앞으로 사이좋게 친하게 지내자! 을(를) 4 초 동안 말하기
⑥ 모양 숨기기
```

더 나아가기

1. 소녀가 자기소개를 한 뒤 화면 아래로 이동하게 해 보세요.
2. 나를 소개하는 애니메이션을 만들어 보세요.

2. 초원을 달리는 강아지

>>>>> **작품 설명**
초원을 달리는 강아지를 보여 주는 애니메이션입니다.

 조작법
- 시작하기를 클릭하면 애니메이션이 실행됩니다.

 작품 미리보기

와 신난다!

1단계
강아지가 말을 합니다.

2단계
모양을 바꾸며
오른쪽으로 달려갑니다.

와 신난다!

3단계
화면 끝에 닿으면
반대 방향(왼쪽)으로
달려갑니다.

 프로그래밍 개념

순차   반복

 엔트리 기능

모양   말하기
이동하기

 작품 주소
bit.ly/entrybook02

오브젝트 살펴보기

이름	강아지	울타리
카테고리	동물	배경
x	-180	0
y	-80	0
크기	100	375

코드 이해하기

강아지

○ 말풍선으로 '와 신난다!'라고 말해요.

○ 감싸고 있는 아래 블록을 계속 반복 실행해요.

○ 이동 방향(오른쪽)으로 움직여요.

○ 오브젝트 모양을 바꿔서 달려가는 효과를 내요.

○ 너무 빨리 이동하지 않도록 잠시 기다려요.

○ 화면 끝에 닿으면 반대 방향으로 움직여요.

TIP

오브젝트 목록에서 강아지의 회전방식을 좌우로 바꿔야만
화면 끝에 닿았을 때 좌우로 회전합니다.

회전방식

WHY

강아지 오브젝트 모양이 바뀐 다음 왜 0.1초를 기다리나요?

계속 반복하기 안에 있는 코드는 매우 빠른 속도로 실행됩니다. 기다리기 블록을 넣지 않으면
너무 빨리 움직이기 때문에 자연스럽게 움직이도록 기다리기 블록을 사용했습니다.

더 나아가기

1. 강아지의 크기가 점점 커지게 해 보세요.
2. 강아지가 처음에 소리를 한 번 내고 달려가게 해 보세요.

3. 좋아하는 노래 소개하기

작품 설명
자신이 좋아하는 노래를 소개하는 애니메이션입니다.

조작법
- 시작하기를 클릭하면 애니메이션이 실행됩니다.
- 노래 제목을 클릭하면 노래가 재생됩니다.

작품 미리보기

1단계
자신이 좋아하는 노래를
소개합니다.

2단계
제목을 클릭하면
노래가 재생됩니다.

프로그래밍 개념
순차　이벤트

엔트리 기능
소리　글상자
말하기

작품 주소
bit.ly/entrybook03

오브젝트 살펴보기

이름	네모의 꿈	소년(3)	학교 배경
카테고리	글상자	사람	배경
x	100	170	0
y	30	-50	0
크기	210	150	375

코드 이해하기

소년(3)

자신이 좋아하는 노래를 소개해요.

가

네모의 꿈

글상자를 클릭하면 노래를 재생해요.

TIP

- 노래 파일은 **소리 탭-소리 추가하기-파일 올리기**를 클릭해서 업로드할 수 있습니다. 여러분이 좋아하는 노래를 올려 보세요.

- 글상자는 실행화면 아래에서 **오브젝트 추가하기-글상자**를 클릭해서 추가할 수 있습니다.

오브젝트 추가하기

WHY

노래를 재생할 때 (오브젝트를 클릭했을 때) **와** (마우스를 클릭했을 때) **는 어떤 차이가 있나요?**

(오브젝트를 클릭했을 때) 는 마우스포인터로 오브젝트를 클릭했을 때 아래에 연결된 블록을 차례 대로 실행합니다. (마우스를 클릭했을 때) 는 오브젝트뿐 아니라 실행화면 아무곳이나 마우스를 클릭하면 아래에 연결된 블록을 실행합니다.

더 나아가기

1. 정지 버튼을 추가하고 버튼을 클릭하면 노래가 정지되게 해 보세요.
2. 내가 좋아하는 노래를 소개해 보세요.

4. 작품 공유하는 방법

>>>>> **작품 설명**
엔트리에서 작품을 공유하는 방법을 알려주는 애니메이션 카드입니다.

조작법

- 이동 버튼을 클릭하면 다음 장면으로 이동합니다.
- 새로고침 버튼을 클릭하면 처음 장면으로 이동합니다.

작품 미리보기

1단계

글과 그림이 나오고
이동 버튼을 클릭하면 다음
설명 장면으로 넘어갑니다.

2단계

새로고침 버튼을 클릭하면
처음 장면부터 다시
시작합니다.

프로그래밍 개념

순차   이벤트

엔트리 기능

장면   글상자

작품 주소

bit.ly/entrybook04

오브젝트 살펴보기

	장면1			장면2			장면3		

이름	이동 버튼	글상자	설명 그림	이동 버튼1	글상자	설명 그림	새로고침	글상자	설명 그림
카테고리	인터페이스	글상자	원하는 내용으로 만들어 보세요.	인터페이스	글상자	원하는 내용으로 만들어 보세요.	인터페이스	글상자	원하는 내용으로 만들어 보세요.
x	210	0		210	0		210	0	
y	-100	100		-100	100		-100	100	
크기	50	200		50	200		50	200	

코드 이해하기

| 장면1 |

이동 버튼

이동 버튼을 클릭하면 '장면2'를 시작해요.

| 장면2 |

이동 버튼

이동 버튼을 클릭하면 '장면3'을 시작해요.

| 장면3 |

새로고침 버튼

새로고침 버튼을 클릭하면 '장면1'(첫 장면)을 시작해서 처음으로 돌아가요.

TIP
- 장면은 화면 왼쪽 상단의 ➕ 버튼을 클릭해서 추가할 수 있습니다.

- 글상자는 실행화면 아래에서 **오브젝트 추가하기-글상자**를 클릭해 추가할 수 있습니다. 다양한 글씨체와 색깔을 활용해 보세요.
- 설명 사진은 **오브젝트 추가하기-파일 올리기**에서 업로드할 수 있습니다.

WHY

장면을 바꿀 때 `다음 ▼ 장면 시작하기` 와 `장면1 ▼ 시작하기` 는 어떤 차이가 있나요?

`다음 ▼ 장면 시작하기` 는 바로 다음 장면을 시작하는 블록입니다. 마지막 장면에서는 이 코드를 실행하더라도 아무런 반응이 없습니다. `장면1 ▼ 시작하기` 는 특정한 장면을 정해서 그 장면으로 이동하는 블록입니다.

더 나아가기

1. 친구들에게 엔트리 사용 방법을 소개하는 애니메이션을 만들어 보세요.
2. 뒤로가기 버튼을 추가하고 클릭하면 이전 장면으로 이동하게 해 보세요.

5. 엔트리봇의 댄스 파티

>>>>> **작품 설명**
엔트리봇이 좌우로 움직이며 춤을 추는 애니메이션입니다.

 조작법
- 시작하기를 클릭하면 애니메이션이 실행됩니다.

 작품 미리보기

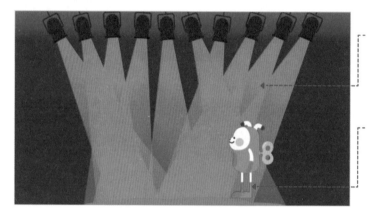

1단계
소리가 재생되고 배경의 색깔이 바뀝니다.

2단계
엔트리봇이 빙글빙글 돌며 좌우로 움직입니다.

 프로그래밍 개념
순차   반복

엔트리 기능
모양   효과
소리   이동하기

작품 주소
bit.ly/entrybook05

 오브젝트 살펴보기

이름	(3)엔트리봇	조명이 있는 무대
카테고리	엔트리봇 친구들	배경
x	0	0
y	−70	0
크기	100	375

코드 이해하기

조명이 있는
무대

소리를 재생해요.

배경의 색깔을 계속 바꿔요.

(3)엔트리봇

전체 동작을 계속 반복해요.

10번 반복해요.

엔트리봇의 모양을 바꿔서 빙글빙글 도는 것처럼 보이게
해요.

이동 방향(오른쪽)으로 움직여요.

너무 빨리 이동하지 않도록 조금씩 기다려요.

이동 방향의 반대 방향(왼쪽)으로 모양을 바꾸며
이동하는 동작을 10번 해요.

TIP 👆

소리는 **소리 탭-소리 추가하기**를 클릭해서 추가
할 수 있습니다.

WHY 💡

왜 이동 방향으로 -10만큼 이동하면 왼쪽으로 이동하나요?

움직임과 관련된 블록에 0보다 작은 -(마이너스) 값을 넣으면 '반대' 방향으로 움직이게 됩니
다. 이동 방향은 기본적으로 오른쪽(90도)을 가리키고 있습니다. 이동 방향에 -10을 넣으면
이동 방향의 반대 방향인 왼쪽으로 10만큼 이동합니다.

더 나아가기

1. 엔트리봇이 왼쪽으로 먼저 이동했다가 오른쪽으로 이동하게 해 보세요.
2. 엔트리봇의 크기가 커졌다가 작아지게 해 보세요.

6. 황당한 등굣길

>>>>> **작품 설명**
강아지를 데리고 등교한 소녀의 황당한 등굣길 애니메이션입니다.

조작법
• 시작하기를 클릭하면 애니메이션이 실행됩니다.

작품 미리보기

1단계
소년이 학교에 다 왔다고
말하고 교문으로
이동합니다.

2단계
소녀가 나타나고 교문으로
이동해서 말을 합니다.

3단계
소년이 강아지에 대해
묻습니다.

4단계
소녀가 깜빡하고 강아지를
데리고 왔다고 말합니다.

프로그래밍 개념

순차   이벤트

엔트리 기능

모양   좌표
말하기   이동하기

작품 주소

bit.ly/entrybook06

오브젝트 살펴보기

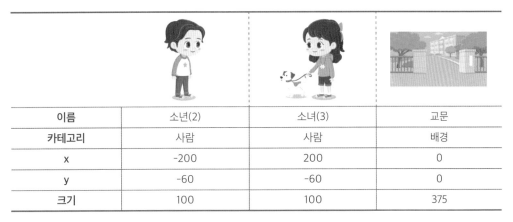

이름	소년(2)	소녀(3)	교문
카테고리	사람	사람	배경
x	-200	200	0
y	-60	-60	0
크기	100	100	375

코드 이해하기

소년(2)

> 시작하기 버튼을 클릭했을 때
> 학교에 다 왔다! 을(를) 2 초 동안 말하기 ▼
> 1 초 동안 x: 100 y: 20 만큼 움직이기
> 여학생 나타나기 ▼ 신호 보내기

학교에 다 왔다고 말해요.
학교 정문 방향으로 움직여요.
'여학생 나타나기' 신호를 보내요.

> 남학생 말하기 ▼ 신호를 받았을 때
> 주희야! 강아지는 왜 데리고 왔어? 을(를) 3 초 동안 말하기 ▼
> 여학생 말하기 ▼ 신호 보내기

'남학생 말하기' 신호를 받으면 강아지를 왜 데려왔냐고 물어요.
'여학생 말하기' 신호를 보내요.

소녀(3)

> 시작하기 버튼을 클릭했을 때
> 모양 숨기기

처음에는 오브젝트 모양을 숨겨요.

> 여학생 나타나기 ▼ 신호를 받았을 때
> 모양 보이기
> 2 초 동안 x: -100 y: 20 만큼 움직이기
> 서후야! 반가워! 을(를) 3 초 동안 말하기 ▼
> 남학생 말하기 ▼ 신호 보내기

'여학생 나타나기' 신호를 받으면 모양을 보이게 하고 학교 정문 방향으로 이동해요.
반갑다고 말해요.
'남학생 말하기' 신호를 보내요.

> 여학생 말하기 ▼ 신호를 받았을 때
> 앗! 깜빡했다! 을(를) 4 초 동안 말하기 ▼

'여학생 말하기' 신호를 받으면 깜빡했다고 말해요.

TIP 실행화면은 오브젝트의 위치를 나타내는 좌표를 가지고 있습니다. 실행화면 한가운데의 좌표값(x=0, y=0)을 중심으로 가로 x축은 -240~240까지, 세로 y축은 -135~135까지 나타낼 수 있습니다.

x값은 증가하면 오브젝트의 위치가 오른쪽으로 이동하고, x값이 감소하면 왼쪽으로 이동합니다. y값은 증가하면 위쪽으로 이동하고, y값이 감소하면 아래쪽으로 이동합니다.

WHY 왜 '여학생 나타나기'와 '남학생 나타나기' 같은 신호를 주고받나요?

신호는 한 가지 오브젝트에서 다른 오브젝트에 변화를 주고 싶을 때 주로 사용합니다. 신호를 만들고 특정 신호를 보내서 행동과 말을 하게 하면 대화하는 효과를 쉽게 만들 수 있습니다. 만약 신호를 사용하지 않는다면 각자 말하고 특정한 동작을 하는 시간을 초 단위로 일일이 계산하며 코드를 작성해야 해서 매우 불편합니다.

 더 나아가기

1. 소녀가 마지막 말을 하고 오른쪽으로 이동해서 화면에서 사라지게 해 보세요.
2. 내가 등굣길에 겪은 이야기를 애니메이션으로 만들어 보세요.

7. 우리나라의 국경일 소개

조작법
• 삼일절과 한글날을 클릭하면 각 국경일에 대한 설명이 나옵니다.

작품 미리보기

우리나라의 국경일

삼일절 ◄------
한글날 ◄------

1단계 클릭하면 국경일 설명으로 장면이 바뀝니다.

2단계 클릭하면 처음 장면을 시작합니다.

3단계 삼일절을 설명하고 만세를 합니다.

4단계 한글날을 소개합니다.

프로그래밍 개념
순차　반복
이벤트

엔트리 기능
모양　장면
말하기　글상자

작품 주소
bit.ly/entrybook07

오브젝트 살펴보기

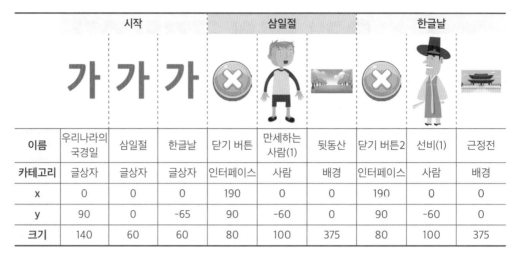

이름	우리나라의 국경일	삼일절	한글날	닫기 버튼	만세하는 사람(1)	뒷동산	닫기 버튼2	선비(1)	근정전
카테고리	글상자	글상자	글상자	인터페이스	사람	배경	인터페이스	사람	배경
x	0	0	0	190	0	0	190	0	0
y	90	0	-65	90	-60	0	90	-60	0
크기	140	60	60	80	100	375	80	100	375

 코드 이해하기

| 시작 |

가
삼일절

> 오브젝트를 클릭했을 때
> 삼일절 ▼ 시작하기

········○ 글상자를 클릭하면 '삼일절' 장면을 시작해요.

가
한글날

> 오브젝트를 클릭했을 때
> 한글날 ▼ 시작하기

········○ 글상자를 클릭하면 '한글날' 장면을 시작해요.

| 삼일절 |

닫기 버튼

> 오브젝트를 클릭했을 때
> 시작 ▼ 시작하기

········○ 닫기 버튼을 클릭하면 '시작' 장면을 시작해요.

만세하는 사람(1)

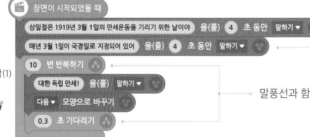

> 장면이 시작되었을 때
> 삼일절은 1919년 3월 1일의 만세운동을 기리기 위한 날이야 을(를) 4 초 동안 말하기 ▼
> 매년 3월 1일이 국경일로 지정되어 있어 을(를) 4 초 동안 말하기 ▼
> 10 번 반복하기
>   대한 독립 만세! 을(를) 말하기 ▼
>   다음 ▼ 모양으로 바꾸기
>   0.3 초 기다리기

········○ 장면이 시작되면 삼일절을 설명해요.

········○ 말풍선과 함께 모양을 바꾸고 만세를 해요.

| 한글날 |

닫기 버튼

선비(1)

닫기 버튼을 클릭하면 '시작' 장면을 시작해요.

장면이 시작되면
한글날을 설명해요.

TIP 비슷한 장면을 만들 때는 장면에 마우스 오른쪽 버튼을 클릭하고 **복제하기**를 선택하면 같은 장면이 복제되어 편리합니다.

WHY '삼일절'과 '한글날' 장면에서 왜 (장면이 시작되었을때) 블록을 사용하나요?

작품을 실행할 때 시작하기 버튼을 클릭하면 (시작하기 버튼을 클릭했을 때) 블록에 연결된 여러 블록들이 실행됩니다. 하지만 장면 기능은 (장면 1 ▼ 시작하기) 블록으로 장면을 시작할(바꿀) 수 있고 장면이 시작되면 (장면이 시작되었을때) 아래에 연결된 블록만 실행되기 때문에 '삼일절'과 '한글날' 장면에서는 (장면이 시작되었을때) 블록을 사용했습니다.

더 나아가기

1. 광복절과 제헌절 설명을 추가해 보세요.

2. 우리나라의 명절을 소개하는 애니메이션 카드를 만들어 보세요.

8. 생일 축하 카드

>>>>> **작품 설명**
생일 축하 메시지가 담긴 애니메이션 카드입니다.

조작법

- 시작하기를 클릭하면 애니메이션이 실행됩니다.
- 케이크를 클릭하면 소리와 함께 촛불을 켜고 끌 수 있습니다.

작품 미리보기

1단계
박수갈채 소리가 재생됩니다.

2단계
생일 축하 메시지를 말합니다.

3단계
생일 케이크가 등장하고 클릭하면 딸깍 소리와 함께 촛불이 꺼집니다.

4단계
춤을 추고 사라집니다.

프로그래밍 개념

순차 반복
이벤트

엔트리 기능

모양 소리
말하기

작품 주소

bit.ly/entrybook08

🔍 오브젝트 살펴보기

이름	생일케이크	학생(1)	생일파티
카테고리	음식	사람	배경
x	-110	0	0
y	-70	-60	0
크기	100	100	375

🔍 코드 이해하기

학생(1)

▶ 시작하기 버튼을 클릭했을 때	
소리 박수갈채 ▼ 재생하기 🔊	┄ 박수갈채 소리를 재생해요.
엄마! 생일축하해요! 을(를) 3 초 동안 말하기 ▼	┄ 생일 축하한다고 말해요.
엄마가 좋아하는 케이크를 준비했어요! 을(를) 3 초 동안 말하기 ▼	
케이크 ▼ 신호 보내기 🎵	┄ '케이크' 신호를 보내요.
케이크를 눌러서 불을 끌 수도 있어요. 을(를) 3 초 동안 말하기 ▼	
제 춤도 보여드릴게요! 을(를) 3 초 동안 말하기 ▼	┄ 춤을 추겠다고 말해요.
5 번 반복하기 ∧	
다음 ▼ 모양으로 바꾸기	┄ 모양을 5번 바꿔서 춤추는 효과를 내요.
0.3 초 기다리기 ∧	
엄마 힘내세요! 을(를) 3 초 동안 말하기 ▼	┄ 엄마에게 힘내라고 말하고 사라져요.
모양 숨기기	

생일케이크

▶ 시작하기 버튼을 클릭했을 때	
모양 숨기기	┄ 처음에는 생일 케이크 모양을 숨겨요.
🎗 케이크 ▼ 신호를 받았을 때	
모양 보이기	┄ '케이크' 신호를 받으면 생일 케이크 모양이 나타나요.
👆 오브젝트를 클릭했을 때	
소리 핑거스냅 ▼ 재생하기 🔊	┄ 오브젝트를 클릭할 때마다 '딸깍' 소리를 내고 모양을 바꿔서 촛불이 꺼지고 켜지는 효과를 내요.
다음 ▼ 모양으로 바꾸기	

TIP 👆

신호는 **속성 탭-신호-신호 추가하기**에서 추가할
수 있습니다.

WHY 💡

처음에 박수갈채 소리를 낼 때 왜 `안녕! 을(를) 말하기 ▼` 블록을 사용하지 않고
`안녕! 을(를) 4 초 동안 말하기 ▼` 블록을 사용하나요?

`안녕! 을(를) 말하기 ▼` 블록을 사용하면 말하기 블록이 실행되는 동시에 다음 블록이 실행되
어서 가장 마지막에 있는 말하기 블록 내용만 보이게 됩니다. `안녕! 을(를) 4 초 동안 말하기 ▼`
블록은 입력한 초 동안 말을 하고 다음 블록을 실행하기 때문에 여러 블록을 연결해서 사용
하더라도 말하기 내용을 하나씩 볼 수 있습니다.

더 나아가기

1. 학생이 제자리에서 한바퀴 도는 효과를 만들어 보세요.
2. 케이크를 클릭하면 색깔도 바뀌게 해 보세요.

9. 나의 하루

>>>>> **작품 설명**
하루 동안 있었던 일을 보여 주는 애니메이션입니다.

 조작법
- 시작하기를 클릭하면 애니메이션이 실행됩니다.

 작품 미리보기

1단계 오늘 있었던 일을 알려주겠다고 말합니다.

2단계 배경이 운동장으로 바뀌고 말을 한 다음 움직입니다.

3단계 배경이 궁궐로 바뀌고 말을 한 다음 좌우를 두리번거립니다.

4단계 배경이 거실로 바뀌고 말을 합니다.

 프로그래밍 개념

순차 반복
이벤트

 엔트리 기능

모양 좌표
말하기 이동하기

 작품 주소

bit.ly/entrybook09

오브젝트 살펴보기

이름	소년(2)	거실(3)
카테고리	사람	배경
x	0	0
y	-50	0
크기	100	375

코드 이해하기

시작하기 버튼을 클릭했을 때

안녕! 나는 민수라고해 을(를) 3 초 동안 말하기 ▼

오늘 하루 내가 무엇을 했는지 말해줄게 을(를) 3 초 동안 말하기 ▼ ······ 오늘 있었던 일을 알려주겠다고 말해요.

배경 바꾸기 ▼ 신호 보내기 ······ '배경 바꾸기' 신호를 보내요.

아침에는 운동장에서 친구들과 운동을 했어 을(를) 3 초 동안 말하기 ▼ ······ 말을 하고 오른쪽으로 이동해요.

2 초 동안 x: 100 y: 0 만큼 움직이기

배경 바꾸기 ▼ 신호 보내기 ······ '배경 바꾸기' 신호를 보내요.

소년(2)

오후에는 궁궐을 구경했지. 을(를) 3 초 동안 말하기 ▼ ······ 궁궐을 구경했다고 말해요.

4 번 반복하기

좌우 모양 뒤집기

0.5 초 기다리기

좌우 모양 뒤집기 ······ 오브젝트 모양을 0.5초 간격으로 반복해서 좌우로 뒤집어서 두리번거리는 효과를 내요.

0.5 초 기다리기

배경 바꾸기 ▼ 신호 보내기 ······ '배경 바꾸기' 신호를 보내요.

그리고 이렇게 집에 돌아왔지 을(를) 3 초 동안 말하기 ▼ ······ 여러분의 하루가 어땠는지 물어봐요.

너의 하루는 어땠니? 을(를) 3 초 동안 말하기 ▼

거실(3)

배경 바꾸기 ▼ 신호를 받았을 때

다음 ▼ 모양으로 바꾸기 ······ '배경 바꾸기' 신호를 받으면 배경을 바꿔요.

TIP

- x좌표는 오브젝트의 가로 위치를 나타냅니다. x좌표를 바꾸면 오브젝트를 오른쪽이나 왼쪽으로 이동할 수 있습니다. x좌표를 100만큼 이동하면 오른쪽으로 100만큼 이동하게 됩니다.

- 신호는 **속성 탭-신호-신호 추가하기**에서 추가할 수 있습니다.

WHY 💡
배경을 바꿀 때 왜 신호를 사용하나요?

신호는 한 가지 오브젝트에서 다른 오브젝트에 변화를 주고 싶을 때 주로 사용합니다. 여기서는 소년이 말을 하면서 배경 오브젝트의 모양을 바꾸기 위해서 '배경 바꾸기' 신호를 만들고, 중간중간에 신호를 보냈습니다. 배경 오브젝트는 '배경 바꾸기' 신호를 받으면 배경을 바꾸도록 코드를 작성했습니다.

이렇게 약속된 신호를 보내고, 신호를 받았을 때 어떤 행동을 할지 정하면 한 오브젝트의 코드로 다른 오브젝트에 변화를 줄 수 있습니다. 여기서는 배경으로 쓰인 거실(3) 오브젝트에 운동장과 근정전 모양이 추가되어 있어, 거실, 운동장, 근정전이 '배경 바꾸기' 신호를 받을 때마다 순서대로 바뀝니다.

더 나아가기
1. 사람 오브젝트를 하나 더 추가하고 '친구' 신호를 받으면 친구가 등장하게 해 보세요.
2. 나의 하루를 소개하는 애니메이션을 만들어 보세요.

10. 공익 광고 만들기

>>>>> **작품 설명**
무단횡단을 하지 말자는 내용의 공익 광고 애니메이션입니다.

 조작법
• 시작하기를 클릭하면 애니메이션이 실행됩니다.

 작품 미리보기

1단계
엔트리봇이 무단횡단을
합니다.

2단계
자동차가 나타나서
엔트리봇까지 이동합니다.

3단계
엔트리봇이 뱅글뱅글 돌며
이동합니다.

4단계
공익 광고 메시지가
나옵니다.

 프로그래밍 개념

순차   반복
이벤트

 엔트리 기능

모양   크기
소리   좌표   말하기
글상자   이동하기
회전하기

 작품 주소
bit.ly/entrybook10

오브젝트 살펴보기

이름	무단횡단은 죽음의 길!	빨간 자동차	(2)엔트리봇	마을
카테고리	글상자	탈것	엔트리봇 친구들	배경
x	0	-200	0	0
y	0	-55	0	0
크기	200	100	50	375

코드 이해하기

(2)엔트리봇

시작하기 버튼을 클릭했을 때
집에 빨리 가야지! 을(를) 1 초 동안 말하기 ▼ · · · 집에 빨리 가야 된다고 말해요.
20 번 반복하기 · · · 아래 블록을 20번 반복해요.
y 좌표를 -2 만큼 바꾸기
다음 ▼ 모양으로 바꾸기 · · · 오브젝트가 모양을 바꾸며 아래로 내려와요.
크기를 2 만큼 바꾸기 · · · 오브젝트 크기를 점점 커지게 해요.
0.1 초 기다리기 · · · 너무 빠르게 동작하지 않도록 잠시 기다려요.
자동차 등장 ▼ 신호 보내기 · · · '자동차 등장' 신호를 보내요.

사고 ▼ 신호를 받았을 때
10 번 반복하기 · · · '사고' 신호를 받으면 반복해서 x좌표를 바꿔서 오른쪽으로 이동해요.
x 좌표를 10 만큼 바꾸기
방향을 90° 만큼 회전하기 · · · 방향을 회전해서 뱅글뱅글 도는 것처럼 보이게 해요.
문구 ▼ 신호 보내기 · · · '문구' 신호를 보내요.

빨간 자동차

시작하기 버튼을 클릭했을 때
모양 숨기기 · · · 처음에는 오브젝트 모양을 숨겨요.

자동차 등장 ▼ 신호를 받았을 때
모양 보이기 · · · '자동차 등장' 신호를 받으면 모양을 보이게 해요.
(2)엔트리봇 ▼ 에 닿았는가? 이 될 때까지 ▼ 반복하기 · · · 엔트리봇에 닿을 때까지 이동 방향(오른쪽)으로 이동해요.
이동 방향으로 10 만큼 움직이기
소리 자동차 사고 ▼ 재생하기 · · · 소리를 재생하고 '사고' 신호를 보내요.
사고 ▼ 신호 보내기

가

무단횡단은
죽음의 길!

◦⋯⋯⋯ 처음에는 오브젝트 모양을 숨겨요.

◦⋯⋯⋯ '문구' 신호를 받으면 모양을 보이게 해요.

TIP 👆

엔트리봇은 **모양 탭**에서 '(2)엔트리봇_
뒤1', '(2)엔트리봇_뒤2' 모양을 삭제해
주세요.

WHY 💡

왜 엔트리봇의 크기를 점점 커지게 하나요?

엔트리봇이 아래로 내려오는 모습을 표현하기 위해 y좌표를 -2만큼 바꿨습니다. 여기서 엔트
리봇이 멀리서 가까이 오는 모습을 더 자연스럽게 표현하기 위해서 크기를 2만큼 점점 커지
게 했습니다. 이는 원근감 효과를 사용한 것입니다.

더 나아가기

1. 엔트리봇이 화면 아래에서 위로 올라가게 해 보세요.

2. 나만의 공익 광고 애니메이션을 만들어 보세요.

11. 토끼와 거북이 이야기

>>>>> **작품 설명**
토끼와 거북이가 이야기를 하고 달리기를 하는 애니메이션입니다.

조작법

- 시작하기를 클릭하면 애니메이션이 실행됩니다.
- 달리기 대결에서 마우스를 클릭하면 거북이가 달립니다.

작품 미리보기

1단계
토끼와 거북이가 대화를 합니다.

2단계
토끼는 달려갑니다.

3단계
토끼는 거북이보다 앞설 때와 아닐 때 다른 말을 합니다.

4단계
마우스를 클릭하면 달려갑니다.

5단계
오른쪽 벽에 닿으면 모양을 숨깁니다.

프로그래밍 개념

순차   반복
선택   이벤트
비교연산

엔트리 기능

모양   장면
말하기   속성값
글상자   이동하기

작품 주소

bit.ly/entrybook11

오브젝트 살펴보기

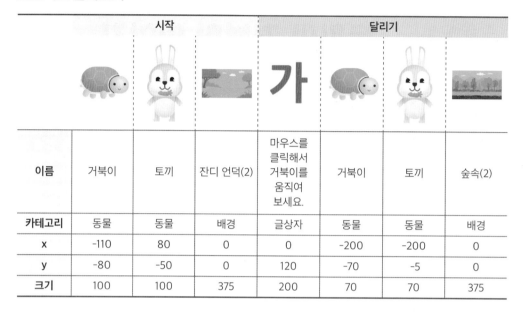

이름	시작				달리기		
	거북이	토끼	잔디 언덕(2)	마우스를 클릭해서 거북이를 움직여 보세요.	거북이	토끼	숲속(2)
카테고리	동물	동물	배경	글상자	동물	동물	배경
x	-110	80	0	0	-200	-200	0
y	-80	-50	0	120	-70	-5	0
크기	100	100	375	200	70	70	375

 코드 이해하기

| 시작 |

토끼

토끼가 거북이에게 느리게 움직인다고 말하고 '거북이 말하기' 신호를 보내요.

'토끼 말하기' 신호를 받으면 대결하자고 말하고 '달리기' 장면을 시작해요.

거북이

'거북이 말하기' 신호를 받으면 달리기 대결을 하자고 말하고 '토끼 말하기' 신호를 보내요.

| 달리기 |

토끼

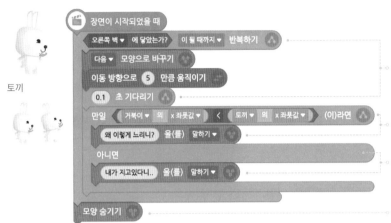

장면이 시작되면 토끼가 오른쪽 벽에 닿을 때까지 모양을 바꾸며 이동하고 잠시 멈춰서 달려가는 효과를 내요.

거북이의 x좌표와 토끼의 x좌표를 비교해서 토끼가 더 오른쪽에 있으면 거북이에게 왜 이렇게 느리냐고 말해요.

거북이가 오른쪽에 있으면 '내가 지고 있다니'라고 말해요.

토끼가 오른쪽 벽에 닿으면 모양을 숨겨요.

거북이

실행화면에 마우스를 클릭하면 거북이가 모양을 바꾸며 이동하여 달려가요.

거북이가 오른쪽 벽에 닿으면 모양을 숨겨요.

TIP 👆
'달리기' 장면에서 토끼는 **모양 탭**에서 '토끼_1' 모양을 삭제하고, 거북이는 '거북이_4' 모양을 삭제해 주세요.

WHY 💡
'달리기' 장면에서 왜 토끼와 거북이의 x좌표값을 비교하나요?
토끼와 거북이 중 누가 더 빨리 달려가고 있는지 파악하기 위해서는 각 오브젝트의 위치를 파악해야 합니다. x좌표값은 오브젝트의 위치 중 가로 위치를 나타내는 값으로, x좌표값이 더 큰 오브젝트가 오른쪽에 있다는 것을 알 수 있기 때문에 거북이와 토끼의 x좌표를 비교했습니다.

더 나아가기
1. 거북이가 오른쪽 벽에 닿았을 때 누가 이겼는지 말하게 해 보세요.
2. 토끼의 달리는 속도가 무작위로 정해지게 해 보세요.

12. 내 이름이 들어간 이야기

작품 설명
자신의 정보를 입력하면 정보에 따라 다른 행동을 하는 애니메이션입니다.

조작법
• 시작 버튼을 클릭하고 정보를 입력하면 이야기가 만들어집니다.

작품 미리보기

1단계 각종 정보를 입력받으면 글상자가 '~의 이야기'로 내용이 바뀝니다.

2단계 시작 버튼을 클릭하면 '이야기' 장면을 시작합니다.

3단계 성별에 따라 캐릭터와 배경이 바뀝니다.

4단계 이름과 나이를 말합니다.

5단계 나이와 성별에 따라 다른 말을 합니다.

6단계 출발한다고 말하고 사라집니다.

프로그래밍 개념
순차　선택
반복　변수　이벤트
입출력　비교연산
논리연산

엔트리 기능
모양　크기
장면　말하기　문자열
글상자　이동하기

작품 주소
bit.ly/entrybook12

오브젝트 살펴보기

	시작			이야기	
이름	시작 버튼	내 이름이 들어간 이야기	잔디 언덕(1)	소녀(1)	정글
카테고리	인터페이스	글상자	배경	사람	배경
x	0	0	0	-180	0
y	-40	60	0	-80	0
크기	80	160	375	100	375

코드 이해하기

| 시작 |

내 이름이
들어간 이야기

> 시작하기 버튼을 클릭했을 때
> 변수 성별▼ 숨기기
> 변수 이름▼ 숨기기
> 변수 나이▼ 숨기기
> 대답 숨기기▼

⤑ 변수와 대답창을 숨겨요.

> 이름을 입력하세요(성을 빼고) 을(를) 묻고 대답 기다리기

⤑ 이름을 입력받아요.

> 이름▼ 를 대답 (으)로 정하기

⤑ '이름' 변수에 입력받은 값을 저장해요.

> 나이를 입력하세요(숫자만) 을(를) 묻고 대답 기다리기
> 나이▼ 를 대답 (으)로 정하기
> 성별을 입력하세요(남자/여자) 을(를) 묻고 대답 기다리기
> 성별▼ 를 대답 (으)로 정하기

⤑ 나이와 성별을 입력받아 각 변수에 저장해요.

> 이름▼ 값 과(와) 의 이야기 를 합치기 라고 글쓰기

⤑ 글상자의 내용을 '~의 이야기'로 바꿔요.

> 오브젝트를 클릭했을 때
> 이야기▼ 시작하기

⤑ 클릭하면 '이야기' 장면을 시작해요.

시작 버튼

| 이야기 |

정글

🎬 장면이 시작되었을 때

만일 〈 성별 ▾ 값 = 남자 〉 (이)라면
　정글_1 ▾ 모양으로 바꾸기
아니면
　동굴_1 ▾ 모양으로 바꾸기

'성별' 변수 값에 '남자'가 들어가 있으면
정글 배경으로 바뀌고, 다른 값(여자)이
들어가 있으면 동굴 배경으로 바꿔요.

소녀(1)

🎬 장면이 시작되었을 때

만일 〈 성별 ▾ 값 = 남자 〉 (이)라면
　소년(1)_1 ▾ 모양으로 바꾸기
아니면
　소녀(1)_1 ▾ 모양으로 바꾸기

'성별' 변수 값에 '남자'가 들어가 있으면
모양을 소년으로 바뀌고, 다른 값(여자)이
들어가 있으면 소녀로 바꿔요.

나는 과(와) 이름 ▾ 값 과(와) (이)야! 를 합치기 를 합치기 을(를) 2 초 동안 말하기 ▾
나는 과(와) 나이 ▾ 값 과(와) 살 이야! 를 합치기 를 합치기 을(를) 3 초 동안 말하기 ▾

이름, 나이 변수 값을
활용하여 이름과
나이를 말해요.

만일 〈 나이 ▾ 값 ≥ 8 그리고 ▾ 나이 ▾ 값 ≤ 13 〉 (이)라면
　아직 초등학생이지! 을(를) 3 초 동안 말하기 ▾

나이가 8살부터 13살까지면
'초등학생'이라는 말을 추가해요.

만일 〈 나이 ▾ 값 ≤ 16 그리고 ▾ 나이 ▾ 값 ≥ 14 〉 (이)라면
　중학생이지! 을(를) 3 초 동안 말하기 ▾

나이가 14살부터 16살까지면
'중학생'이라는 말을 추가해요.

만일 〈 성별 ▾ 값 = 남자 〉 (이)라면
　나는 정글을 탐험하러 왔어! 을(를) 3 초 동안 말하기 ▾
아니면
　나는 동굴을 탐험하러 왔어! 을(를) 3 초 동안 말하기 ▾

'성별' 변수 값에 '남자'가
들어가 있으면 정글을
탐험한다고 말하고, 다른
값(여자)이 들어가 있으면
동굴을 탐험한다고 말해요.

이제 출발해볼까? 을(를) 3 초 동안 말하기 ▾

출발한다고 말해요.

20 번 반복하기
　이동 방향으로 10 만큼 움직이기
　크기를 -5 만큼 바꾸기

반복해서 이동
방향(오른쪽)으로 이동하면서
크기가 작아지게 해요.

모양 숨기기

모양을 숨겨요.

TIP

- 소녀 오브젝트에 **모양 탭-모양 추가하기**를 눌러서 '소년(1)_1' 모양을 추가해 주세요.
- 정글 오브젝트에 **모양 탭-모양 추가하기**를 눌러서 '동굴_1' 모양을 추가해 주세요.

WHY 💡

'시작' 장면에서 왜 대답 을 저장하나요?

안녕! 을(를) 묻고 대답 기다리기 블록을 실행하면 실행화면에 입력 창이 뜹니다. 사용자가 입력한 값은 대답 에 저장됩니다. 만약에 사용자가 이름을 '세나'로 입력했으면 대답 에 '세나'가 저장됩니다. 하지만 대답 값은 안녕! 을(를) 묻고 대답 기다리기 블록을 여러 번 사용하면 사용자가 입력할 때마다 그 값이 바뀌기 때문에 기억이 필요한 값이라면 변수에 그 값을 저장해서 사용해야 합니다.

'이야기' 장면에서 안녕! 과(와) 엔트리 를 합치기 는 왜 사용하나요?

안녕! 과(와) 엔트리 를 합치기 블록은 두 정보를 연결해서 표현하고 싶을 때 사용합니다. 예를 들어 '나이' 변수 값에 12가 들어가 있고 나이 ▼ 값 과(와) 살 를 합치기 로 코드를 작성하면 글상자에서 '12살'이라고 표현할 수 있습니다.

더 나아가기

1. 좋아하는 동물을 입력받고, 그 동물이 등장하게 해 보세요.
2. 여러 장면을 추가해서 다양한 이야기를 만들어 보세요.

예술편

13. 꽃 만들기

>>>>> **작품 설명**
꽃잎으로 꽃을 만드는 예술 작품입니다.

 조작법
- 시작하기를 클릭하면 작품이 실행됩니다.

 작품 미리보기

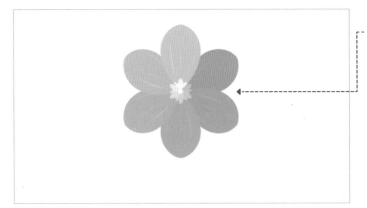

1단계
꽃잎이 회전합니다.

2단계
꽃잎이 점점 밝아집니다.

3단계
도장을 찍습니다.

 프로그래밍 개념

 순차 반복

 엔트리 기능

 효과 회전하기
도장찍기

 작품 주소

bit.ly/entrybook13

 오브젝트 살펴보기

이름	분홍 꽃잎
카테고리	식물
x	0
y	20
크기	80

코드 이해하기

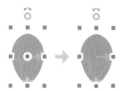

분홍 꽃잎

시작하기 버튼을 클릭했을 때 ········○ 감싸고 있는 아래 블록을 6번 반복 실행해요.

6 번 반복하기 ········○

방향을 60° 만큼 회전하기 ········○ 꽃잎 방향을 60도만큼 회전해요.

밝기▼ 효과를 10 만큼 주기 ········○ 꽃잎을 점점 밝게 만들어요.

도장 찍기 ········○ 도장을 찍어서 꽃잎 모양을 복제해요.

TIP 오브젝트는 중심점을 기준으로 회전합니다. 이 작품에서는 중심점을 오른쪽 그림과 같이 꽃잎 아래로 바꿔 주세요.

WHY

꽃잎을 왜 60도만큼 회전하나요?

꽃잎으로 꽃을 만들기 위해서는 원이 되도록 회전해야 합니다. 이 작품에서는 꽃잎 6개로 꽃을 만드는 것이라서 6번 반복해서 60도씩 회전해서 360도 회전시켰습니다. 만약 꽃잎 4개로 꽃을 만든다고 했을 때는 4번 반복해서 90도씩 회전하면 됩니다.

 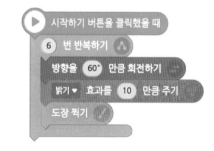

더 나아가기

1. 다른 오브젝트나 모양을 추가해서 꽃을 만들어 보세요.

2. 꽃잎에 색깔이나 투명도 효과를 추가해 보세요.

14. 전자 악기

>>>>> **작품 설명**
마우스를 클릭해서 드럼 연주를 할 수 있는 전자 악기입니다.

 조작법
- 드럼의 각 부분을 클릭하면 각자 다른 소리가 나옵니다.

 작품 미리보기

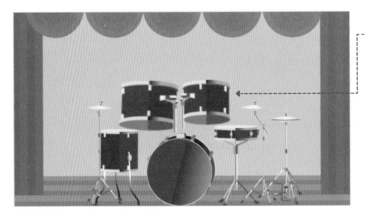

1단계
클릭하면 드럼 크기가
작아졌다가 커집니다.

2단계
소리가 나옵니다.

 프로그래밍 개념

순차   이벤트

 엔트리 기능

소리   크기

 작품 주소

bit.ly/entrybook14

 오브젝트 살펴보기

이름	드럼 - 스몰탐탐	드럼 - 베이스	드럼 - 라지탐탐	드럼 - 플로어탐탐	드럼 - 스네어드럼	드럼 - 라이드심벌	드럼 - 하이헷심벌	드럼 - 크래쉬심벌	무대
카테고리	물건	물건	물건	물건	물건	물건	물건	물건	배경
x	35	0	-40	-95	80	-110	140	100	0
y	5	-85	5	-70	-80	-65	-65	-65	0
크기	70	100	80	90	90	100	100	100	375

코드 이해하기

드럼 - 스몰탐탐

| 오브젝트를 클릭했을 때 |
| 크기를 -10 만큼 바꾸기 | ········· 오브젝트를 클릭하면 크기가 작아져요.
| 0.1 초 기다리기 | ········· 0.1초간 기다려요.
| 크기를 10 만큼 바꾸기 | ········· 오브젝트 크기를 10만큼 커지게 해요.
| 소리 드럼 작은 탐탐 ▼ 재생하기 | ········· 악기 소리를 재생해요.

· 다른 오브젝트들도 동일한 코드지만, 소리는 각 오브젝트에 맞는 소리를 추가해서 재생해 보세요.

오브젝트 이름	드럼 - 스몰탐탐	드럼 - 베이스	드럼 - 라지탐탐	드럼 - 플로어탐탐	드럼 - 스네어드럼	드럼 - 라이드심벌	드럼 - 하이헷심벌	드럼 - 크래쉬심벌
소리	드럼 작은 탐탐	드럼 킥(둥)	드럼 큰 탐탐	드럼 플로어 탐탐	드럼 작은북2	드럼 라이드	드럼 열린 하이헷	드럼 크래쉬 심벌

TIP 👆

소리는 **소리 탭-소리 추가하기**에서 추가할
수 있습니다.

WHY 💡

오브젝트 크기가 작아진 다음 왜 0.1초를 기다리나요?

엔트리의 코드는 매우 빠른 속도로 실행됩니다. 기다리기 블록을 넣지 않으면 크기를 작게 했
다가 다시 커지게 하는 부분이 너무 빨리 실행되어서 보이지 않기 때문에 크기를 작게 하고
잠깐 기다린 다음 다시 커지게 했습니다.

더 나아가기

1. 피아노 오브젝트로 전자 피아노를 만들어 보세요.
2. 키보드로 숫자 1을 누르면 드럼 연주가 나오게 해 보세요.

15. 무작위로 캐릭터 만들기

작품 설명

스페이스 키를 누르면 무작위로 캐릭터를 만들어 주는 예술 작품입니다.

조작법

- 스페이스 키를 누르면 캐릭터가 무작위로 만들어집니다.

작품 미리보기

1단계

사용 방법을 말합니다.

2단계

스페이스 키를 누르면 무작위로
얼굴 모양이 정해집니다.

프로그래밍 개념

순차   이벤트

엔트리 기능

모양   말하기

무작위 수

작품 주소

bit.ly/entrybook15

오브젝트 살펴보기

이름	개구쟁이	얼굴모양	머리(남)	눈	코	입	실내체육관
카테고리	사람	사람	사람	사람	사람	사람	배경
x	0	0	0	0	0	0	0
y	-30	45	50	45	30	15	0
크기	150	100	120	60	10	20	375

코드 이해하기

개구쟁이

사용 방법을 말해요.

얼굴모양
• 8개의 모양이
  있습니다.

스페이스 키를 누르면 얼굴 모양을 무작위로 바꿔요.

머리(남)

스페이스 키를 누르면 머리 모양을 무작위로 바꿔요.

눈

스페이스 키를 누르면 눈 모양을 무작위로 바꿔요.

코

스페이스 키를 누르면 코 모양을 무작위로 바꿔요.

입
• 각각 10개의
  모양이 있습니다.

스페이스 키를 누르면 입 모양을 무작위로 바꿔요.

TIP

-  얼굴모양_01 ▼ 모양으로 바꾸기 에서 얼굴모양_01 ▼ 에 (0 부터 10 사이의 무작위 수) 블록을 넣어 보세요.

- 오브젝트 목록의 가장 아래 오브젝트부터 실행화면에 겹겹이 쌓여서 표시됩니다. 개구쟁이 오브젝트와 얼굴모양 오브젝트가 다음과 같이 아래에 있게 해 주세요.

WHY

왜 얼굴, 눈, 코, 입의 모양을 무작위 수로 바꾸나요?

엔트리에서는 오브젝트별로 여러 개의 모양을 가질 수 있습니다. 여러 개의 모양이 있을 때는 가장 첫 모양은 1, 그 다음 모양은 2와 같이 차례대로 모양 번호가 부여됩니다. 모양 바꾸기 블록은 특정 모양을 선택할 수도 있지만, 무작위 수 블록을 넣어서 모양 번호로 모양을 바꿀 수도 있습니다.

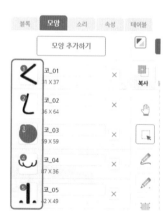

더 나아가기

1. 스페이스 키를 누르면 배경도 무작위로 바뀌게 해 보세요.
2. 스페이스 키를 누르면 캐릭터가 무작위로 말하게 해 보세요.

16. 드럼 비트 만들기

>>>>> **작품 설명**
래퍼가 움직이면서 드럼 비트를 재생하는 예술 작품입니다.

 조작법
- 시작하기를 클릭하면 드럼 비트가 재생됩니다.
- 스페이스 키를 누르면 호루라기 소리가 재생됩니다.

 작품 미리보기

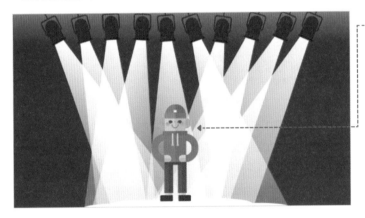

1단계

래퍼가 오른쪽과 왼쪽으로 계속 움직입니다.

2단계

드럼 비트가 재생됩니다.

3단계

스페이스 키를 누르면 호루라기 소리가 재생됩니다.

 프로그래밍 개념

반복   이벤트

 엔트리 기능

소리   이동하기

 작품 주소

bit.ly/entrybook16

 오브젝트 살펴보기

이름	래퍼	조명이 있는 무대
카테고리	사람	배경
x	0	0
y	-60	0
크기	100	375

코드 이해하기

래퍼

감싸고 있는 블록을 계속 반복 실행해요.

오른쪽으로 1칸 이동하고 잠시 기다려요.

왼쪽으로 2칸 이동하고 잠시 기다려요.

오른쪽으로 1칸 이동하고 잠시 기다려요.

드럼 비트를 재생해요.

스페이스 키를 누르면 호루라기 소리를 내요.

TIP 👆

소리는 **소리 탭-소리 추가하기**에서 추가할 수 있습니다.

WHY 💡

왜 드럼 비트 코드를 실행하면 4/4 박자로 소리가 나나요?

드럼 소리의 길이가 0.3초로 제공되기 때문에 0.3초를 1박자로 정했습니다. 이 코드에서 각 블록은 1박에 해당됩니다. 네 가지 드럼을 0.3초 단위로 반복 실행해서 4/4 박자를 만든 것입니다. 각 블록의 소리를 바꾸면 다른 비트를 만들 수 있습니다.

 더 나아가기

1. 나만의 드럼 비트를 만들어 보세요.
2. 엔터 키를 누르면 '기합' 소리가 나게 해 보세요.

17. 풍경 꾸미기

>>>>> **작품 설명**
마우스를 클릭해서 풍경을 꾸밀 수 있는 예술 작품입니다.

조작법

- 마우스를 클릭하면 도장을 찍습니다.
- 위, 아래쪽 화살표 키로 크기를 바꿀 수 있습니다.
- 오른쪽, 왼쪽 화살표 키로 방향을 바꿀 수 있습니다.
- 스페이스 키로 모양을 바꿀 수 있습니다.

작품 미리보기

1단계 오브젝트가 마우스포인터를
따라 움직입니다.

2단계 마우스를 클릭하면 도장을
찍습니다.

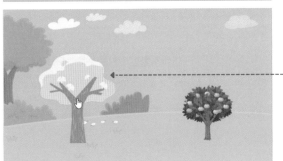

3단계 위, 아래쪽 화살표 키를
누르면 오브젝트 크기를
키우거나 줄입니다.

4단계 오른쪽, 왼쪽 화살표 키를
누르면 오브젝트가 회전합니다.

5단계 스페이스 키를 누르면 모양이
바뀝니다.

프로그래밍 개념

순차   반복
이벤트

엔트리 기능

모양   크기
이동하기   회전하기
도장찍기

작품 주소

bit.ly/entrybook17

오브젝트 살펴보기

이름	귤나무	잔디 언덕(1)
카테고리	식물	배경
x	0	0
y	0	0
크기	100	375

코드 이해하기

귤나무

> 시작하기 버튼을 클릭했을 때
> 계속 반복하기
> 마우스포인터 ▼ 위치로 이동하기

◦ 오브젝트가 계속해서 마우스포인터를 따라 이동해요.

> 마우스를 클릭했을 때
> 도장 찍기

◦ 마우스를 클릭하면 그 위치에 도장을 찍어 오브젝트를 복제해요.

> 위쪽 화살표 ▼ 키를 눌렀을 때
> 크기를 5 만큼 바꾸기

◦ 위쪽 화살표 키를 누르면 오브젝트 크기가 커져요.

> 아래쪽 화살표 ▼ 키를 눌렀을 때
> 크기를 -5 만큼 바꾸기

◦ 아래쪽 화살표 키를 누르면 오브젝트 크기가 작아져요.

> 오른쪽 화살표 ▼ 키를 눌렀을 때
> 방향을 10° 만큼 회전하기

◦ 오른쪽 화살표 키를 누르면 오브젝트가 오른쪽으로 회전해요.

> 왼쪽 화살표 ▼ 키를 눌렀을 때
> 방향을 -10° 만큼 회전하기

◦ 왼쪽 화살표 키를 누르면 오브젝트가 왼쪽으로 회전해요.

> 스페이스 ▼ 키를 눌렀을 때
> 다음 ▼ 모양으로 바꾸기

◦ 스페이스 키를 누르면 오브젝트 모양이 바뀌어요.

TIP 굴나무 오브젝트에 **모양 탭-모양 추가하기**를 클릭해서 다양한 모양을 추가해 주세요.

WHY **왜 -10만큼 회전하면 오브젝트가 왼쪽으로 회전하나요?**

움직임과 관련된 블록에 0보다 작은 -(마이너스) 값을 넣게 되면 원래 방향의 '반대' 방향으로 움직이게 됩니다. 회전하기는 기본적으로 오른쪽으로 회전하게 되어 있습니다. 여기에 -10을 넣으면 원래 방향의 반대 방향인 왼쪽으로 10만큼 회전합니다.

더 나아가기

1. 엔터 키를 누르면 모든 도장이 사라지게 해 보세요.

2. 숫자 1, 2키를 누르면 투명도가 바뀌게 해 보세요.

18. 추상화 그리기

>>>>> **작품 설명**
무작위로 이동하며 그림을 그리는 예술 작품입니다.

 조작법
- 시작하기를 클릭하면 작품이 실행됩니다.

 작품 미리보기

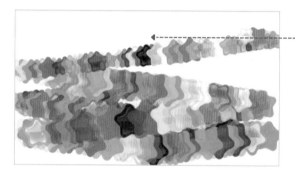

1단계 방향이 무작위로 정해집니다.

2단계 색깔, 밝기, 투명도, 크기가 변하며 이동합니다.

3단계 이동하는 경로를 따라 도장이 찍힙니다.

4단계 화면 끝에 닿으면 튕깁니다.

5단계 엔터 키를 누르면 모든 도장이 사라집니다.

 프로그래밍 개념

순차 반복
이벤트

 엔트리 기능

크기 효과
회전하기 도장찍기
이동하기 무작위 수

 작품 주소
bit.ly/entrybook18

 오브젝트 살펴보기

이름	반짝이는 별
카테고리	인터페이스
x	0
y	0
크기	100

코드 이해하기

반짝이는 별

시작하기 버튼을 클릭했을 때

방향을 0 부터 360 사이의 무작위 수 (으)로 정하기 ·········· 방향을 무작위로 정해요.

계속 반복하기 ·········· 감싸고 있는 아래 블록을 계속 반복해요.

색깔▼ 효과를 0 부터 100 사이의 무작위 수 (으)로 정하기 ·········· 색깔을 무작위로 정해요.

밝기▼ 효과를 -100 부터 100 사이의 무작위 수 (으)로 정하기 ·········· 밝기를 무작위로 정해요.

투명도▼ 효과를 0 부터 100 사이의 무작위 수 (으)로 정하기 ·········· 투명도를 무작위로 정해요.

크기를 -10 부터 10 사이의 무작위 수 만큼 바꾸기 ·········· 크기도 무작위로 바꿔요.

이동 방향으로 10 만큼 움직이기 ·········· 이동 방향으로 움직여요.

도장 찍기 ·········· 이동 경로를 따라 오브젝트가 도장 찍히게 해요.

화면 끝에 닿으면 튕기기 ·········· 화면 끝에 닿으면 튕기게 해요.

엔터▼ 키를 눌렀을 때

모든 붓 지우기 ·········· 엔터 키를 누르면 모든 도장을 삭제해요.

TIP 👆

투명도는 100이면 투명한 상태이며, 0이면 불투명한 상태입니다. 밝기는 0을 기준으로 -100 까지 어두워지고 100까지 밝아집니다.

WHY 💡

색깔, 밝기, 투명도, 크기를 정하기와 바꾸기는 어떤 차이가 있나요?

크기를 100 (으)로 정하기 는 입력한 값으로 정하는 명령어입니다. 크기를 10 만큼 바꾸기 는 입력 한 값만큼 더하는 명령어입니다. 예를 들어 크기를 100으로 정하면 크기가 100이 되지만, 크 기가 100인 상태에서 크기를 10만큼 바꾸기를 실행하면 10을 더한 110이 됩니다.

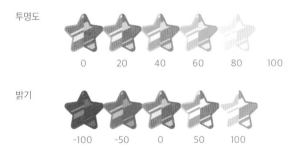

투명도

0   20   40   60   80   100

밝기

-100   -50   0   50   100

더 나아가기

1. 스페이스 키를 누르면 처음 위치에서 다시 시작하게 해 보세요.
2. 크기는 무작위로 바뀌는 것이 아니라 위, 아래 화살표 키로 바꿀 수 있게 해 보세요.

19. 그림판

>>>>> **작품 설명**
마우스로 그림을 그리고 지울 수 있는 작품입니다.

 조작법

- 마우스를 클릭해서 그림을 그릴 수 있습니다.
- 위, 아래 버튼을 클릭하면 선의 굵기가 바뀝니다.
- 지우개를 클릭하면 그림이 지워집니다.

 작품 미리보기

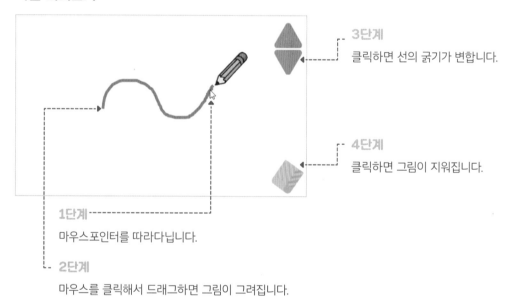

3단계
클릭하면 선의 굵기가 변합니다.

4단계
클릭하면 그림이 지워집니다.

1단계
마우스포인터를 따라다닙니다.

2단계
마우스를 클릭해서 드래그하면 그림이 그려집니다.

 프로그래밍 개념
순차 반복
이벤트

엔트리 기능
그리기 이동하기

작품 주소
bit.ly/entrybook19

오브젝트 살펴보기

이름	연필(1)	방향버튼	방향버튼1	지우개
카테고리	물건	인터페이스	인터페이스	물건
x	0	210	210	210
y	0	105	65	-105
크기	50	40	40	50

 코드 이해하기

연필(1)

연필이 마우스포인터를 계속 따라다녀요.

마우스를 클릭하면 그리기를 시작해요.

마우스를 클릭했다가 떼면 그리기를 멈춰요.

'굵게' 신호를 받으면 선의 굵기가 굵어져요.

'얇게' 신호를 받으면 선의 굵기가 얇아져요.

'지우기' 신호를 받으면 그림을 모두 지워요.

위쪽 방향버튼을 클릭하면 '굵게' 신호를 보내요.

방향버튼

아래쪽 방향버튼을 클릭하면 '얇게' 신호를 보내요.

방향버튼1

지우개를 클릭하면 '지우기' 신호를 보내요.

지우개

TIP 👆

• 방향버튼 오브젝트는 2개를 추가하고 하나는 **모양 탭**에서 모양을 '방향버튼_위'로 바꿔 주세요.

블록	모양	소리	속성

모양 추가하기

1. 방향버튼_아래
99 × 87 ×

2. 방향버튼_위
99 × 87 ×

• 연필의 중심점은 아래와 같이 연필심 끝으로 바꿔 주세요.

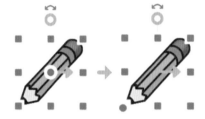

WHY 💡

왜 마우스를 클릭할 때 바로 붓의 굵기를 바꾸지 않고 신호를 보내서 바꾸나요?

언뜻 생각하면 따로 '굵게', '얇게' 신호를 만들지 않고, 방향버튼을 클릭하면 선 굵기를 바로 바꾸도록 코드를 작성할 수도 있을 것 같습니다. 하지만 각 오브젝트별로 붓이 따로 있습니다. 방향버튼을 클릭할 때 붓의 굵기를 바꾸도록 코드를 작성하면 (연필이 아닌) 방향버튼을 이동했을 때 그려지는 선 굵기를 바꾼다는 뜻이 됩니다. 그래서 방향버튼을 클릭했을 때 연필의 선 굵기를 바꾸게 하기 위해서 방향버튼에서 신호를 보내고, 연필이 그 신호를 받아서 연필의 선 굵기를 바꿔 준 것입니다.

더 나아가기

1. 그릴 때마다 선의 색이 무작위로 정해지게 해 보세요.
2. 오른쪽, 왼쪽 화살표 키를 눌러서 선의 투명도를 바꾸게 해 보세요.

20. 동물 포토북

>>>>> **작품 설명**
원하는 동물의 사진을 볼 수 있는 작품입니다.

조작법

- 글상자를 클릭하면 해당되는 동물 사진이 나옵니다.
- 버튼을 눌러서 사진을 넘기거나 첫 장면으로 돌아올 수 있습니다.

작품 미리보기

1단계
클릭하면 해당 동물 장면이
시작됩니다.

3단계
클릭하면 처음 장면이 시작
됩니다.

2단계
클릭하면 다음/이전 사진을
보여 줍니다.

프로그래밍 개념

순차   이벤트

엔트리 기능

모양   장면
글상자

작품 주소

bit.ly/entrybook20

오브젝트 살펴보기

이름	시작				강아지, 고양이			
	가	가	가	▬	↥	‹	›	나가기
이름	동물 포토북	고양이	강아지	학교 강당	동물 사진	버튼(2)	버튼(2)1	나가기 버튼
카테고리	글상자	글상자	글상자	배경	원하는 사진을 추가하세요	인터페이스	인터페이스	인터페이스
x	0	75	-80	0	0	170	215	205
y	95	-25	-25	0	0	-110	-110	115
크기	150	60	60	375	300	40	40	50

코드 이해하기

| 시작 |

고양이

⟶ 클릭하면 '고양이' 장면을 시작해요.

강아지

⟶ 클릭하면 '강아지' 장면을 시작해요.

| 강아지, 고양이 |

버튼(2)1

⟶ 클릭하면 '다음 모양' 신호를 보내요.

버튼(2)

⟶ 클릭하면 '이전 모양' 신호를 보내요.

동물 사진

'다음 모양' 신호를 받으면 동물 사진을 다음 모양으로 바꿔요.

'이전 모양' 신호를 받으면 동물 사진을 이전 모양으로 바꿔요.

나가기

나가기 버튼

·········· 클릭하면 '시작' 장면을 시작해요.

TIP 👆
- 글상자는 **오브젝트 추가하기-글상자**에서 추가할 수 있습니다. 다양한 글씨체와 색깔을 활용해 보세요.
- 동물 사진은 **오브젝트 추가하기-파일 올리기**에서 업로드할 수 있습니다. 하나의 사진을 올린 뒤에 **모양 탭-모양 추가하기**를 클릭해서 다양한 사진을 추가해 주세요.

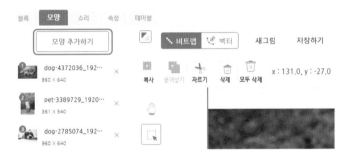

- 버튼(2) 오브젝트는 2개를 추가하고 하나는 모양을 '버튼(2)_앞으로'로 바꿔주세요.
- '고양이' 장면은 '강아지' 장면과 동일합니다.

WHY 💡

동물 사진을 바꿀 때 왜 버튼을 클릭하면 바로 모양을 바꾸지 않고 신호를 보내서 바꾸나요?

각 오브젝트별로 모양이 따로 있습니다. 버튼 오브젝트를 클릭했을 때 다음 모양으로 바꾸도록 코드를 작성하면 '버튼'의 모양을 바꾼다는 뜻이 됩니다. 여기서는 버튼을 클릭했을 때 강아지 사진이 바뀌게 하기 위해서 버튼에서 신호를 보내고, 강아지 사진이 그 신호를 받아서 모양을 바꿔 주도록 했습니다.

더 나아가기

1. 장면을 하나 더 추가해서 내가 좋아하는 동물 포토북을 만들어 보세요.
2. 사진을 클릭한 동안은 사진 크기가 커졌다가, 클릭을 해제하면 크기가 원래대로 돌아가게 해 보세요.

21. 대칭 그림 그리기

작품 설명
마우스로 그림을 그리면 대칭 그림이 그려지는 예술 작품입니다.

조작법
- 마우스를 클릭한 상태로 드래그하면 상하좌우로 대칭 그림이 그려집니다.
- 스페이스 키를 누르면 그림이 지워집니다.

작품 미리보기

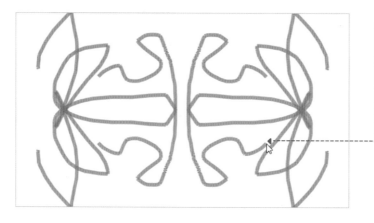

1단계
마우스를 클릭하면
그림이 그려집니다.

2단계
대칭 그림이 그려집니다.

3단계
스페이스 키를 누르면
그림이 지워집니다.

프로그래밍 개념
순차 선택
반복 이벤트
산술연산

엔트리 기능
모양 좌표
속성값 그리기
이동하기

작품 주소
bit.ly/entrybook21

오브젝트 살펴보기

이름	하트(2)	하트(2)1	하트(2)2	하트(2)3
카테고리	인터페이스	인터페이스	인터페이스	인터페이스
x	0	0	0	0
y	0	0	0	0
크기	100	100	100	100

코드 이해하기

하트(2)

시작하기 버튼을 클릭했을 때
모양 숨기기
붓의 투명도를 50 % 로 정하기
붓의 굵기를 5 (으)로 정하기
계속 반복하기
만일 마우스를 클릭했는가? (이)라면
x: 마우스 x▼ 좌표 y: 마우스 y▼ 좌표 위치로 이동하기
그리기 시작하기
아니면
그리기 멈추기

오브젝트를 숨기고 붓의 투명도를 50%로
정해요.

굵기를 5로 정하고 그리기를 시작해요.

계속 마우스를 클릭했는지 확인해요.

마우스를 클릭하면 마우스의 x, y좌표를
마우스 (x, y)로 움직여요.

이동시킨 다음 그리기를 시작해요.

마우스를 떼면 그리기를 멈춰요.

스페이스▼ 키를 눌렀을 때
모든 붓 지우기

스페이스 키를 누르면 그림을 지워요.

하트(2)1

시작하기 버튼을 클릭했을 때
모양 숨기기
붓의 투명도를 50 % 로 정하기
붓의 굵기를 5 (으)로 정하기
계속 반복하기
만일 마우스를 클릭했는가? (이)라면
x: 0 - 마우스 x▼ 좌표 y: 마우스 y▼ 좌표 위치로 이동하기
그리기 시작하기
아니면
그리기 멈추기

오브젝트를 숨기고 붓의 투명도를 50%로
정해요.

굵기를 5로 정하고 그리기를 시작해요.

계속 마우스를 클릭했는지 확인해요.

마우스를 클릭하면 마우스의
x, y좌표를 마우스 (-x, y)로 이동시켜서
원본 그림에서 좌우만 바뀌게 해요.

이동시킨 다음 그리기를 시작해요.

마우스를 떼면 그리기를 멈춰요.

스페이스▼ 키를 눌렀을 때
모든 붓 지우기

스페이스 키를 누르면 그림을 지워요.

하트(2)2

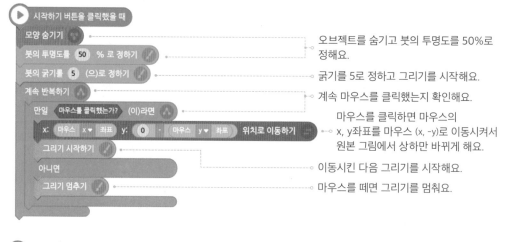

오브젝트를 숨기고 붓의 투명도를 50%로
정해요.

굵기를 5로 정하고 그리기를 시작해요.

계속 마우스를 클릭했는지 확인해요.

마우스를 클릭하면 마우스의
x, y좌표를 마우스 (x, -y)로 이동시켜서
원본 그림에서 상하만 바뀌게 해요.

이동시킨 다음 그리기를 시작해요.

마우스를 떼면 그리기를 멈춰요.

스페이스 키를 누르면 그림을 지워요.

하트(2)3

오브젝트를 숨기고 붓의 투명도를 50%로
정해요.

굵기를 5로 정하고 그리기를 시작해요.

계속 마우스를 클릭했는지 확인해요.

마우스를 클릭하면 마우스의
x, y좌표를 마우스 (-x, -y)로
이동 시켜서 원본 그림에서
좌우, 상하가 모두 바뀌게 해요.

이동시킨 다음 그리기를 시작해요.

마우스를 떼면 그리기를 멈춰요.

스페이스 키를 누르면 그림을 지워요.

>>>>>

TIP

- (10 - 10) 블록을 먼저 가지고 오고 그 안에 (마우스 x▼ 좌표)를 넣어 보세요.
- 하트(2) 오브젝트는 4개 추가해 주세요.

WHY 💡

하트 오브젝트 모양을 왜 숨기나요?

그리기를 할 때 모양이 보이면 선이 잘 안 보일 수 있습니다. 이 작품에서는 선만 보이도록 하기 위해 모양을 숨겼습니다.

대칭 그림을 나타낼 때 왜 x, y좌표를 이렇게 바꾸나요?

원본 그림을 그릴 때의 좌표는 x, y입니다. 0에서 x를 뺀 값을 x좌표로 넣으면 ❶과 같이 (-x, y) 좌표로 좌우만 바뀌어서 움직입니다. 같은 방식으로 y값만 바꾸면 ❷와 같이 (x, -y)로 상하만 바뀌게 됩니다. x, y를 모두 바꾸면 ❸과 같이 (-x, -y)로 상하 좌우가 다 바뀌게 됩니다.

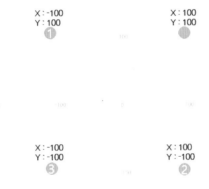

더 나아가기

1. 클릭할 때마다 붓의 색깔이 바뀌게 해 보세요.
2. 위, 아래 화살표 키로 붓의 굵기를 바꿀 수 있게 해 보세요.

예술 | ★★★☆☆

22. 벽지 패턴 만들기

>>>>> **작품 설명**
무작위로 정해진 모양으로 벽지 패턴을 만드는 예술 작품입니다.

조작법
· 시작하기를 클릭하면 작품이 실행됩니다.

작품 미리보기

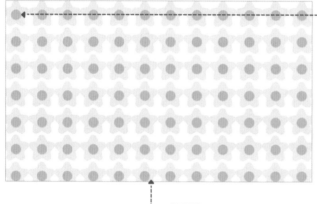

1단계
모양이 무작위로 선택되고
오브젝트가 화면 왼쪽 상단으로
이동합니다.

2단계
가로로 한 줄 도장을 찍습니다.

3단계
세로로 한 줄 내려옵니다.

4단계
총 7줄을 만듭니다.

프로그래밍 개념
순차 반복

엔트리 기능
모양 좌표
이동하기 무작위 수
도장찍기

작품 주소
bit.ly/entrybook22

오브젝트 살펴보기

이름	단풍잎
카테고리	식물
x	0
y	0
크기	40

 코드 이해하기

단풍잎

시작하기 버튼을 클릭했을 때

（1）부터（5）사이의 무작위 수　모양으로 바꾸기 ········ 무작위로 모양을 바꿔요.

크기를 （40） (으)로 정하기 ········ 크기를 40으로 정해요.

x: （-220）y: （115）위치로 이동하기 ········ 실행화면 왼쪽 상단으로 이동해요.

（7）번 반복하기 ········ 아래 블록을 7번 반복해서 7줄을 만들어요.

（12）번 반복하기

도장 찍기

x 좌표를 （40）만큼 바꾸기 ········ 가로로 40만큼 이동하며 도장을 12번 찍어서 가로 한 줄을 완성해요.

y 좌표를 （-40）만큼 바꾸기 ········ 세로로 한 줄 내려요.

x: （-220）위치로 이동하기 ········ 한 줄 내린 상태에서 가장 왼쪽으로 이동해요.

TIP

- 단풍잎 오브젝트에 **모양 탭-모양 추가하기**를 클릭해서 '들꽃(주황)_1', '들꽃(연보라)_1', '들꽃 (노랑)_1', '들꽃(분홍)_1' 모양을 추가해 주세요.
- 단풍잎_1 ▼ 모양으로 바꾸기 블록의 단풍잎_1 ▼ 칸에 （0）부터（10）사이의 무작위 수 블록을 넣어 주세요.

WHY 💡

왜 단풍잎 모양을 무작위 수로 바꾸나요?

엔트리에서는 오브젝트별로 여러 개의 모양을 가질 수 있습니다. 여러 개의 모양이 있을 때는 가장 첫 모양은 1, 그다음 모양은 2와 같이 차례대로 모양 번호가 부여됩니다. 모양 바꾸기 블록은 특정 모양을 선택할 수도 있지만, 무작위 수 블록을 넣어서 모양 번호로 모양을 바꿀 수도 있습니다.

오브젝트를 왼쪽 상단으로 이동할 때 왜 실행화면의 끝 좌표인 x: –240, y: 135가 아닌 x: –220, y: 115로 이동하나요?

좌표는 오브젝트의 중심점을 기준으로 정해집니다. 단풍잎 오브젝트는 크기가 40(가로 길이 40 / 세로 길이 40)이기 때문에 그렇게 좌표를 정하면 아래 그림과 같이 오브젝트 모양이 잘리게 됩니다. 따라서 x에 20을 더한 값과 y에 20을 뺀 값을 넣으면 오브젝트가 잘리지 않고 다 나타납니다.

오브젝트를 x : –240, y: 135로 이동할 경우

도장찍기를 할 때 왜 7번, 12번 반복하나요?

실행화면 x좌표(가로) 범위는 –240~240으로 길이가 480입니다. 가로로 40씩 옮겨가기 때문에 도장을 가로로 한 줄 찍으려면 480/40=12번을 반복하게 됩니다. 실행화면 y좌표(세로)의 범위는 –135~135로 길이가 270입니다. 세로로도 40씩 옮겨가기 때문에 270/40=약 7번을 반복하게 됩니다.

 더 나아가기

1. 도장을 찍을 때마다 색깔이나 투명도가 바뀌게 해 보세요.
2. 오브젝트의 크기가 80인 벽지 패턴을 만들어 보세요.

예술 | ★★★☆☆

23. 계이름 맞히기

작품 설명
소리를 듣고 어떤 계이름인지 맞히는 작품입니다.

 조작법
• 소리를 듣고 답을 입력하면 정답 여부를 말해 줍니다.

 작품 미리보기

1단계
소리를 들려주고 맞히라고 합니다.

2단계
무작위로 소리를 들려줍니다.

3단계
답을 입력하면 정답 여부를 알려줍니다.

 프로그래밍 개념
순차　선택
변수　입출력
비교연산

 엔트리 기능
소리　말하기
무작위 수

 작품 주소
bit.ly/entrybook23

23. 계이름 맞히기　**065**

오브젝트 살펴보기

이름	락커(2)	호수가 있는 공원
카테고리	사람	배경
x	0	0
y	-55	0
크기	100	375

코드 이해하기

락커(2)

```
▶ 시작하기 버튼을 클릭했을 때
대답  숨기기 ▼   ?              ········· 대답 창을 숨겨요.
소리를 들려줄게~ 다장조의 계이름을 맞혀봐  을(를)  2  초 동안  말하기 ▼      ········· 소리를 맞혀 보라고 말해요.
음 ▼  를  1  부터  8  사이의 무작위 수  (으)로 정하기  ?   ········· '음' 변수 값을 1에서 8 사이의 무작위 수로 정해요.
소리  음 ▼  값  재생하기              ········· 무작위로 정해진 소리를 들려 줘요.
방금 들은 음의 계이름은?(가온도는 1~ 높은도는 8)  을(를) 묻고 대답 기다리기  ?   ········· 1에서 8 사이의 값을 대답으로 입력받아요.
만일  음 ▼  값  =  대답   (이)라면  ∧    ········· 사용자가 입력한 값과 '음' 변수 값(정답)을
                                               비교해요.
   정답!  을(를)  말하기 ▼                   ········· 맞혔으면 '정답!'을 말하고, 틀렸으면 '땡!'을
아니면                                          말해요.
   땡!  을(를)  말하기 ▼
```

> **TIP** 🖐
> 락커(2) 오브젝트에 **소리 탭-소리 추가하기**를 클릭해서 '피아노_04도'부터 '피아노_11높은도'까지 총 8개의 소리를 순서대로 추가해 주세요.

> **WHY** 💡
> ### 왜 '음' 변수 값을 재생하나요?
> 엔트리에서는 오브젝트별로 여러 개의 소리를 추가할 수 있습니다. 여러 개의 소리가 있을 때는 맨 처음 소리는 1, 그다음 소리는 2와 같이 차례대로 소리 번호가 부여됩니다. 소리 재생하기 블록은 특정 소리를 선택하여 재생할 수도 있지만, 변수 값 블록을 넣어서 특정한 소리 번호로 소리를 재생할 수도 있습니다. 이 작품에서는 무작위로 소리를 재생하도록 8개의 소리를 추가한 다음, '음' 변수 값에 1~8까지 무작위 수를 넣고 그 값의 번호에 맞는 소리를 재생하도록 했습니다.

더 나아가기

1. 다양한 악기의 소리를 추가하고 어떤 악기 소리인지 맞히게 해 보세요.
2. 틀린 답을 제출했을 경우 정답을 알려주게 해 보세요.

예술 | ★★★★★

24. 한글 디자인하기

 작품 설명

한글 자음을 이용해서 다양한 모양을 만들 수 있는 예술 작품입니다.

 조작법

- 슬라이더로 변수 값을 바꿔서 다양한 모양을 만들 수 있습니다.

 작품 미리보기

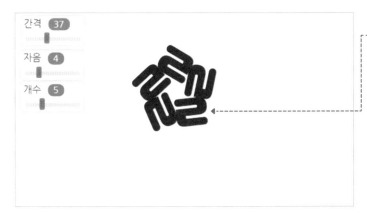

1단계

하나의 자음이 화면에 나타납니다.

2단계

여러 개의 자음이 원 형태로 나타납니다.

 프로그래밍 개념

순차　반복

변수　리스트

산술연산

 엔트리 기능

복제　글상자

이동하기　회전하기

 작품 주소

bit.ly/entrybook24

 오브젝트 살펴보기

가

이름	한글
카테고리	글상자
x	0
y	30
크기	100

코드 이해하기

가

한글

시작하기 버튼을 클릭했을 때

리스트 한글▼ 숨기기 ❔ ··········· '한글' 리스트 창을 숨겨요.

ㄱ 항목을 한글▼ 에 추가하기 ❔
ㄴ 항목을 한글▼ 에 추가하기 ❔
ㄷ 항목을 한글▼ 에 추가하기 ❔
ㄹ 항목을 한글▼ 에 추가하기 ❔
ㅁ 항목을 한글▼ 에 추가하기 ❔
ㅂ 항목을 한글▼ 에 추가하기 ❔
ㅅ 항목을 한글▼ 에 추가하기 ❔ ··········· '한글' 리스트에 한글 자음을 하나씩 추가해요.
ㅇ 항목을 한글▼ 에 추가하기 ❔
ㅈ 항목을 한글▼ 에 추가하기 ❔
ㅊ 항목을 한글▼ 에 추가하기 ❔
ㅋ 항목을 한글▼ 에 추가하기 ❔
ㅌ 항목을 한글▼ 에 추가하기 ❔
ㅍ 항목을 한글▼ 에 추가하기 ❔
ㅎ 항목을 한글▼ 에 추가하기 ❔

시작하기 버튼을 클릭했을 때

계속 반복하기 ⟳

한글▼ 의 자음▼ 값 번째 항목 라고 글쓰기 ⟳ ·········· '한글' 리스트의 '자음 값'번째 항목을 가져와 글상자에 나타내요.

개수▼ 값 번 반복하기 ⟳ ·········· '개수' 변수 값만큼 반복해요.

이동 방향으로 간격▼ 값 만큼 움직이기 ·········· 이동 방향으로 '간격'만큼 움직여요.

방향을 360 / 개수▼ 값 만큼 회전하기 ·········· '개수' 변수 값에 맞게 방향을 회전해서 원 형태를 만들어요.

자신▼ 의 복제본 만들기 ⟳ ·········· 복제본을 만들어서 화면에 여러 개의 모음을 나타내요.

시작하기 버튼을 클릭했을 때

계속 반복하기 ⟳

모든 복제본 삭제하기 ⟳ ·········· 1초간 기다린 다음 복제본을 삭제해서 변수 값이 바뀌었으면 새로운 값으로 그려질 수 있도록 해요.

1 초 기다리기 ⟳

TIP 👆

- 리스트는 **속성 탭-리스트-리스트 추가하기**에서 추가할 수 있습니다.
- **속성 탭-변수-변수 추가하기**에서 '개수', '자음', '간격' 변수를 만든 후 속성에서 '슬라이드'를 클릭해 주세요. '개수'의 기본값은 3, 슬라이드 범위 값은 3에서 10으로 설정해 주세요. '자음'의 기본값은 1, 슬라이드 범위 값은 1에서 14로 설정해 주세요. '간격'의 기본값은 0, 슬라이드 범위 값은 0에서 100으로 설정해 주세요.
- 변수 창은 실행화면에서 클릭한 후 드래그해서 위치를 옮길 수 있습니다.

WHY 💡

왜 '한글' 리스트에서 '자음 값'번째 항목을 가져오나요?

리스트를 사용하면 하나의 이름에 여러 개의 자료를 넣을 수 있습니다. 여러 개의 자료는 항목 번호로 구분이 됩니다. 처음에 추가한 항목의 번호는 1이고 두 번째로 추가한 항목의 번호는 2가 되는 것처럼 항목이 추가될 때마다 항목 번호도 1씩 증가합니다. 앞서 '한글' 리스트에 14개의 항목을 추가했습니다. 첫 번째 항목은 'ㄱ'이 들어갑니다. 그리고 '자음' 변수 값의 기본값을 1로 설정했습니다. 따라서 '한글'의 '자음 값'은 '한글' 리스트의 1번째 항목과 같습니다. 이 상태에서는 글상자의 내용이 'ㄱ'이 됩니다. 여기서 '자음' 항목 값을 바꾸면 그 항목 값에 해당되는 내용이 나타나게 됩니다.

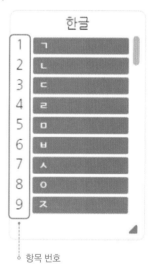

항목 번호

더 나아가기

1. 모양이 마우스포인터를 계속 따라다니게 해 보세요.
2. 위, 아래 화살표 키를 눌러서 글상자의 크기를 변경할 수 있게 해 보세요.

25. 클릭하면 터지는 효과

>>>>> **작품 설명**
마우스를 클릭할 때 터지는 효과가 나는 예술 작품입니다.

 조작법

• 실행화면에 마우스를 클릭하면 터지는 효과가 나옵니다.

 작품 미리보기

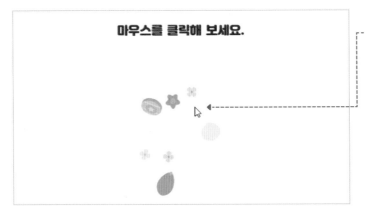

마우스를 클릭해 보세요.

1단계
마우스를 클릭하면
오브젝트가 복제됩니다.

2단계
모양이 무작위로 선택됩니다.

3단계
무작위 방향으로 날아가면서
떨어집니다.

프로그래밍 개념

순차 선택
반복 변수 이벤트

엔트리 기능

모양 좌표
복제 글상자
회전하기 이동하기
무작위 수

작품 주소

bit.ly/entrybook25

 오브젝트 살펴보기

	가		★
이름	마우스를 클릭해 보세요.	동전	작은 별
카테고리	글상자	물건	인터페이스
x	0	0	0
y	105	0	0
크기	100	30	100

코드 이해하기

작은 별

동전
· 12개의 모양이
  있습니다.

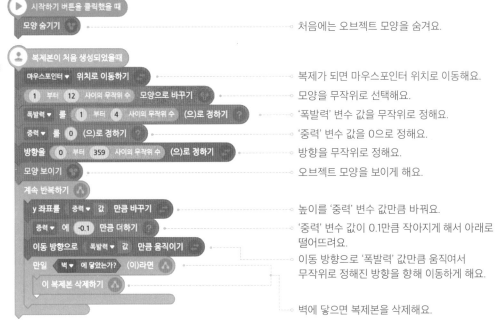

처음에는 오브젝트 모양을 숨겨요.

마우스를 클릭하면 '동전' 복제본 7개를 만들어요.

처음에는 오브젝트 모양을 숨겨요.

복제가 되면 마우스포인터 위치로 이동해요.

모양을 무작위로 선택해요.

'폭발력' 변수 값을 무작위로 정해요.

'중력' 변수 값을 0으로 정해요.

방향을 무작위로 정해요.

오브젝트 모양을 보이게 해요.

높이를 '중력' 변수 값만큼 바꿔요.

'중력' 변수 값이 0.1만큼 작아지게 해서 아래로 떨어뜨려요.

이동 방향으로 '폭발력' 값만큼 움직여서 무작위로 정해진 방향을 향해 이동하게 해요.

벽에 닿으면 복제본을 삭제해요.

TIP

· 동전 오브젝트에 **모양 탭-모양 추가하기**를 클릭해서 총 12개의 모양이 있게 해 주세요.
· '중력', '폭발력' 변수는 동전 오브젝트에서만 사용되도록 동전 오브젝트를 클릭하고 **속성 탭-변수-변수 추가하기-이 오브젝트에서 사용**을 클릭해 추가해 주세요.

WHY 💡

왜 '중력', '폭발력' 변수는 '이 오브젝트에서 사용'을 선택하나요?

변수를 만들 때 '모든 오브젝트에 사용'을 선택하면 오브젝트에서 복제본을 생성해도 모두가 같은 변수 값을 사용하게 됩니다. 이 작품에서는 복제본마다 폭발력과 중력 값이 다르게 설정되도록 하기 위해 '이 오브젝트에서 사용'을 하는 변수를 만들었습니다.

더 나아가기

1. 터지는 방향이 위쪽으로 바뀌게 해 보세요.
2. 복제본들이 터지면서 점점 투명해지게 해 보세요.

예술 | ★★★★★

26. 미디어 아트

>>>>> **작품 설명**
마우스의 위치에 따라 오브젝트 크기가 달라지는 예술 작품입니다.

조작법
- 마우스포인터를 움직이면 오브젝트의 크기가 달라집니다.
- 변수 값을 바꿔서 크기를 변경할 수 있습니다.

작품 미리보기

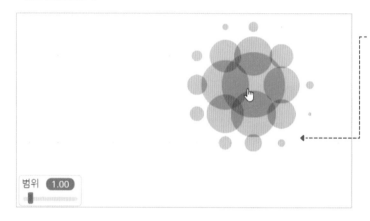

1단계
오브젝트가 화면에
복제됩니다.

2단계
마우스 위치와 범위 값에
따라 크기가 변합니다.

프로그래밍 개념

순차 반복
변수 산술연산

엔트리 기능

효과 크기
좌표 복제 속성값
무작위 수 이동하기

작품 주소
bit.ly/entrybook26

오브젝트 살펴보기

이름	신호
카테고리	물건
x	0
y	0
크기	40

예술편

코드 이해하기

신호

> 시작하기 버튼을 클릭했을 때
> x: -220 y: 115 위치로 이동하기 ┄┄┄┄┄ 오브젝트를 실행화면 왼쪽 상단으로 이동해요.
> 색깔▼ 효과를 1 부터 100 사이의 무작위 수 (으)로 정하기 ┄┄┄
> 밝기▼ 효과를 1 부터 100 사이의 무작위 수 (으)로 정하기 ┄┄ 오브젝트의 색깔과 밝기를 무작위로 정해요.
> 투명도▼ 효과를 75 (으)로 정하기 ┄┄┄┄┄ 오브젝트를 약간 투명하게 만들어요.
> 7 번 반복하기 ┄┄┄┄┄ 아래 블록을 7번 반복해서 7줄을 만들어요.
> ⎿ 12 번 반복하기
> ⎿ 자신▼ 의 복제본 만들기   가로로 40만큼 이동하며 12번 복제본을 만들어
> ⎿ x 좌표를 40 만큼 바꾸기   가로로 한 줄을 완성해요.
> y 좌표를 -40 만큼 바꾸기 ┄┄┄┄┄ 오브젝트를 세로로 한 줄 내려요.
> x: -220 위치로 이동하기 ┄┄┄┄┄ 한 줄 내린 상태에서 가장 왼쪽으로 이동해요.

> 복제본이 처음 생성되었을때
> 계속 반복하기   마우스포인터까지의 거리가
> 크기를 100 - (마우스포인터▼ 까지의 거리 / 범위▼ 값) (으)로 정하기   가까우면 복제본의 크기가
>   커지고, '범위' 변수 값이
>   커지면 더 많은 복제본이
>   보이게 해요.

TIP 👆

'범위' 변수는 변수를 추가한 후 속성에서 '슬라이드'에 체크하고 기본값은 1, 슬라이드 범위
값은 0.00에서 10.00으로 설정해 주세요.

WHY 💡

마우스포인터에서 왜 '범위' 변수 값이 커지면 나타나는 원이 더 많아지나요?

'범위' 변수 값이 1인 경우와 10인 경우를 가정해 봅시다. 마우스포인터에 따라 '범위' 변수 값
이 변하는 수식은 100-(마우스 거리/범위)입니다. '범위' 변수 값이 1이고, 마우스와의 거리가
100과 1인 복제본의 경우 각각 최종적인 크기는 (100-(100/1))=0, (100-(1/1))=99로 마우스와
멀리 떨어진 복제본은 보이지 않게 됩니다. 하지만 동일한 환경에서 '범위' 변수 값이 10인 경
우 (100-(100/10))=90, (100-(1/10))=99.9로 두 복제본 모두 보이게 됩니다. 이렇게 '범위' 변수
값이 커질수록 멀리 있는 복제본의 크기도 커지게 되어 더 많이 보이게 되는 것입니다.

더 나아가기

1. 오브젝트에 다양한 모양을 추가하고 처음에 모양도 무작위로 정해지게 해 보세요.
2. '모양' 변수를 만들고 모양도 변수 슬라이드 기능을 통해 실시간으로 바꿀 수 있게 해 보세요.

27. 오로라 그리기

작품 설명
마우스를 클릭하면 오로라가 생기는 예술 작품입니다.

조작법

- 마우스를 클릭하면 오로라가 만들어집니다.

작품 미리보기

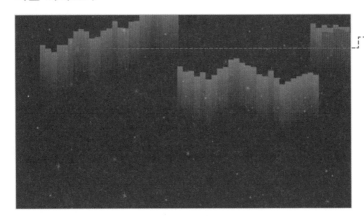

1단계

마우스를 클릭하면 무작위 위치에서 4개의 오로라가 만들어집니다.

프로그래밍 개념

순차 선택
반복 변수 이벤트
비교연산

엔트리 기능

모양 좌표
복제 그리기
이동하기 무작위 수

작품 주소

bit.ly/entrybook27

오브젝트 살펴보기

이름	대칭축	우주(3)
카테고리	인터페이스	배경
x	0	0
y	0	0
크기	10	375

코드 이해하기

▶ 시작하기 버튼을 클릭했을 때
모양 숨기기
변수 색깔 ▼ 숨기기

처음에 모양과 변수 창을 숨겨요.

대칭축

🖱 마우스를 클릭했을 때
모든 복제본 삭제하기
모든 붓 지우기

마우스를 클릭하면 이전에 만들었던 오로라를 삭제하도록 모든 복제본과 붓을 지워요.

4 번 반복하기
자신 ▼ 의 복제본 만들기

복제본을 4개 만들어요.

👤 복제본이 처음 생성되었을때

복제본이 만들어지면 화면 무작위 위치로 각 복제본을 움직여요.

x: -240 부터 240 사이의 무작위 수 y: -135 부터 135 사이의 무작위 수 위치로 이동하기

색깔 ▼ 를 1 부터 3 사이의 무작위 수 (으)로 정하기

'색깔' 변수에 1~3 사이의 무작위 수를 넣어요.

만일 색깔 ▼ 값 = 1 (이)라면
붓의 색을 ⬛ (으)로 정하기

만일 색깔 ▼ 값 = 2 (이)라면
붓의 색을 ⬜ (으)로 정하기

'색깔' 변수의 값에 따라 붓의 색깔을 다르게 설정해요.

만일 색깔 ▼ 값 = 3 (이)라면
붓의 색을 ⬜ (으)로 정하기

붓의 굵기를 8 (으)로 정하기

붓의 굵기를 8로 정해요.

25 번 반복하기
그리기 시작하기
붓의 투명도를 50 % 로 정하기

반복해서 그리기를 시작하고 붓의 투명도를 50%로 정해요.

30 번 반복하기
y 좌표를 -2 만큼 바꾸기
붓의 투명도를 1.5 % 만큼 바꾸기

y좌표를 바꿔서 선이 아래로 내려가면서 점점 투명하게 해요.

그리기 멈추기

그리기를 멈춰요.

x 좌표를 8 만큼 바꾸기
y 좌표를 50 부터 70 사이의 무작위 수 만큼 바꾸기

붓의 굵기인 8만큼 오른쪽으로 위치를 옮겨서 새로운 선을 그릴 수 있게 해요.

선 그리기를 시작할 높이를 내려온 높이(60)보다 약간 낮거나(50) 약간 높은(70) 사이의 무작위로 정해요.

TIP

붓의 투명도는 0에서 100으로 갈수록 더 투명해지고 100이 되면 완전히 투명해져서 보이지 않습니다.

0   100

WHY

붓을 그릴 때 왜 25번, 30번 반복하나요?

25번 반복하는 것은 세로로 25개의 줄을 그리는 코드입니다. 30번 반복하는 것은 세로로 한 줄을 그릴 때 선이 조금씩 연해지도록 하기 위해서입니다. 여기서 반복 횟수 25번과 30번은 여러분들이 원하는 숫자로 바꿔도 좋습니다.

더 나아가기

1. 선을 더 굵게 만들어 보세요.
2. 오로라의 개수와 색깔을 입력받게 하고 입력받은 대로 오로라를 만들게 해 보세요.

28. 불꽃놀이

>>>>> **작품 설명**
마우스를 클릭하면 불꽃이 올라와서 터지는 예술 작품입니다.

 조작법

• 마우스를 클릭하면 불꽃이 올라와서 터집니다.

 작품 미리보기

1단계
마우스를 클릭하면 화면
아래쪽의 무작위 위치에서
불꽃이 나타납니다.

2단계
화면 위쪽으로 이동한 후
불꽃이 터집니다.

 프로그래밍 개념

순차   선택
반복   변수   이벤트
비교연산

 엔트리 기능

모양   효과
좌표   복제   속성값
이동하기   회전하기
무작위 수

 작품 주소

bit.ly/entrybook28

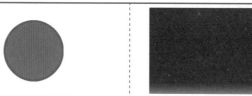

오브젝트 살펴보기

이름	원	별 헤는 밤
카테고리	인터페이스	배경
x	0	0
y	0	0
크기	10	375

코드 이해하기

원

시작하기 버튼을 클릭했을 때
변수 복제완료▼ 숨기기
변수 체크▼ 숨기기
변수 방향▼ 숨기기
모양 숨기기

○ 각종 변수 값과 모양을 숨겨요.

마우스를 클릭했을 때
만일 〈 체크▼ 값 = 0 〉 (이)라면
체크▼ 를 1 (으)로 정하기
색깔▼ 효과를 0 부터 100 사이의 무작위 수 (으)로 정하기
투명도▼ 효과를 50 (으)로 정하기
x: -150 부터 150 사이의 무작위 수 y: -135 위치로 이동하기
모양 보이기
1.5 초 동안 x: 자신▼ 의 x좌푯값▼ y: 30 부터 70 사이의 무작위 수 위치로 이동하기
방향▼ 를 0 (으)로 정하기
복제완료▼ 를 0 (으)로 정하기
복제▼ 신호 보내고 기다리기
복제완료▼ 를 1 (으)로 정하기
체크▼ 를 0 (으)로 정하기
모양 숨기기

○ 마우스를 클릭하면 '체크' 변수 값이 0인지 확인해요.
○ '체크' 변수 값이 0이면 '체크' 변수 값을 1로 정해요.
○ 불꽃의 색깔을 무작위로 정하고 약간 투명하게 만들어요.
○ 화면 아래쪽의 무작위 위치로 이동하고 불꽃을 보이게 해요.
○ 화면 위쪽으로 자연스럽게 이동해요.
○ 여러 번 실행되었을 때를 고려해서 '방향' 변수 값을 0으로 초기화해요.
○ 여러 번 실행되었을 때를 고려해서 '복제완료' 변수 값을 0으로 초기화해요.
○ '복제' 신호를 보내고 신호를 받은 코드가 끝날 때까지 기다려요.
○ 복제가 다 되면 '복제완료' 변수 값을 1로 정해서 동시에 복제본이 터지는 효과를 내게 해요.
○ '체크' 변수 값을 0으로 정하고 모양을 숨겨요.

복제▼ 신호를 받았을 때
18 번 반복하기
방향▼ 에 20 만큼 더하기
자신▼ 의 복제본 만들기

○ '복제' 신호를 받으면 '방향' 변수 값을 20씩 더하며 각 복제본마다 방향을 다르게 정해요.

복제본이 만들어지면 이동 방향을 '방향' 변수 값으로
정해요.

'복제완료' 변수 값이 1이 될 때까지 기다려요.

반복해서 정해진 방향으로 이동하며 투명하게 만들어요.

복제본을 삭제해요.

TIP 👆

'방향' 변수는 원 오브젝트에서만 사용되도록 원 오브젝트를 클릭하고 **속성 탭-변수-변수 추가하기-이 오브젝트에서 사용**을 클릭해 추가해 주세요.

WHY 💡

'체크' 변수는 왜 사용되나요?

'체크' 변수는 불꽃이 다 터지기 전에 마우스를 클릭했을 때 코드가 다시 실행되는 것을 방지하기 위한 변수입니다. 이 작품에서는 실행되는 중에는 '체크' 변수 값이 1이 되었다가 불꽃이 다 터지고 나면 0이 되도록 했습니다. 따라서 불꽃이 다 터지기 전에 마우스를 클릭하더라도 '체크' 변수 값이 1인 상태이기 때문에 코드가 중복해서 실행되지 않습니다.

'방향' 변수는 왜 '이 오브젝트에서 사용'을 선택하나요?

변수를 만들 때 '모든 오브젝트에 사용'을 선택하면 오브젝트에서 복제본을 생성해도 복제본 모두가 같은 변수 값을 사용하게 됩니다. 이 작품에서는 복제본마다 '방향' 변수 값이 같다면 같은 방향으로 이동하기 때문에 우리가 원하는 효과를 낼 수 없습니다. 복제가 될 때마다 각 복제본에 변수 값을 따로 지정하기 위해서는 '이 오브젝트에서 사용'을 선택하면 됩니다. 이 작품에서는 복제본들의 방향이 다르게 설정되어 각각의 방향으로 퍼지게 하기 위해 '이 오브젝트에서 사용'을 하는 변수를 만들었습니다.

'복제완료' 변수는 왜 사용하나요?

18개의 복제본을 만들고, 18개의 복제본이 다 만들어지면 동시에 각 방향으로 퍼지게 해야 불꽃이 터지는 효과가 납니다. 모든 복제본이 다 만들어질 때까지 기다리게 하기 위해 '복제완료' 변수 값을 사용했습니다. 만들어진 복제본은 '복제완료' 변수 값이 1이 될 때까지 기다리고 18개가 다 복제되면 '복제완료' 변수 값이 1로 바뀌어 복제본이 동시에 동작하게 됩니다.

더 나아가기

1. 각 복제본이 이동하는 범위를 각각 다르게 해 보세요.
2. 소리를 추가해서 더 실감나게 만들어 보세요.

29. 돋보기

▶▶▶▶▶ **작품 설명**
꽃에 돋보기를 가져가면 꽃의 크기가 커지는 작품입니다.

조작법

• 마우스로 돋보기를 움직일 수 있습니다.

작품 미리보기

1단계
돋보기는 마우스를 따라
움직입니다.

2단계
돋보기에 닿으면 크기가
커집니다.

프로그래밍 개념

순차 선택
반복

엔트리 기능

크기 이동하기

작품 주소

bit.ly/entrybook29

오브젝트 살펴보기

이름	돋보기	백일홍	국화	들판(4)
카테고리	물건	식물	식물	배경
x	0	-110	100	0
y	0	-10	-40	0
크기	100	100	100	375

코드 이해하기

돋보기

돋보기가 계속해서 마우스포인터를 따라다녀요.

백일홍

국화

꽃이 돋보기에 닿았는지 확인해요.

꽃이 돋보기에 닿으면 꽃을 크게 해요.

꽃이 돋보기에 닿지 않으면 꽃을 작게 해요.

TIP 돋보기가 꽃 아래로 가려지는 경우 돋보기
오브젝트를 오브젝트 목록에서 가장 위로
드래그해서 옮겨 주세요.

WHY 꽃이 돋보기에 닿을 때 왜 `계속 반복하기` 블록을 사용하나요?

`계속 반복하기` 블록을 사용하지 않으면 컴퓨터는 시작하기 버튼을 클릭했을 때 돋보기에 닿았
는지 1번만 확인하고 코드 실행을 종료합니다. 이렇게 되면 이후에 돋보기에 닿더라도 꽃이
커지지 않게 됩니다. 따라서 돋보기에 닿았는지 계속 확인하기 위해 `계속 반복하기` 블록을 사
용했습니다.

더 나아가기

1. 다양한 오브젝트를 추가해서 돋보기에 닿으면 크기가 커지게 해 보세요.
2. 돋보기가 아닌 마우스포인터에 닿으면 크기가 커지게 해 보세요.

30. 로봇청소기

>>>>> **작품 설명**
로봇청소기의 움직임을 보여 주는 시뮬레이션입니다.

 조작법
• 시작하기를 클릭하면 작품이 실행됩니다.

 작품 미리보기

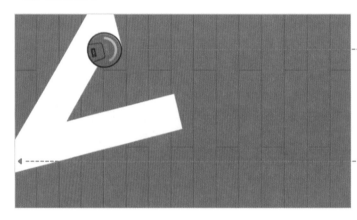

1단계
시작 방향을 무작위로
정합니다.

2단계
정해진 방향으로 이동하며
청소를 합니다.

3단계
벽에 닿으면 회전합니다.

 프로그래밍 개념

순차   선택   반복

 엔트리 기능

그리기   이동하기   회전하기   무작위 수

 작품 주소

bit.ly/entrybook30

 오브젝트 살펴보기

이름	로봇청소기(1)	마룻바닥
카테고리	물건	배경
x	0	0
y	0	0
크기	50	375

코드 이해하기

로봇청소기(1)

시작하기 버튼을 클릭했을 때
방향을 0 부터 360 사이의 무작위 수 (으)로 정하기
계속 반복하기
  이동 방향으로 5 만큼 움직이기
  만일 벽 ▼ 에 닿았는가? (이)라면
    방향을 135° 만큼 회전하기

.... 시작 방향을 0에서 360 사이의 무작위 방향으로 정해요.

.... 정해진 방향으로 이동해요.

.... 벽에 닿으면 135도만큼 회전해요.

시작하기 버튼을 클릭했을 때
그리기 시작하기
붓의 색을 □ (으)로 정하기
붓의 굵기를 50 (으)로 정하기

.... 그리기를 시작해서 이동하는 경로에 선을 그려요.

.... 선의 색상과 굵기를 정해요.

TIP 👆

만일 참 이라면 은 조건이 참인 경우 그 안에 있는 블록이 실행됩니다.

WHY 💡

왜 붓의 굵기를 50으로 정하나요?

로봇청소기는 정사각형 모양이며 크기는 50입니다. 붓의 굵기도 이와 같이 50으로 하면 로봇청소기가 지나가는 자리에 딱 맞게 선을 그릴 수 있기 때문입니다.

왜 로봇청소기가 벽에 닿으면 135도 회전하나요?

몇 도를 회전하는지는 자유롭게 설정할 수 있습니다. 여기서는 예로 135도를 설정했습니다. 하지만 어떤 각도를 설정하면 처음 방향에 따라 계속 같은 자리만 반복해서 돌기도 합니다.

더 나아가기

1. 쓰레기통 오브젝트를 추가하고 쓰레기통 오브젝트에 닿아도 로봇청소기가 회전하게 해 보세요.
2. 스페이스 키를 누르면 로봇청소기가 동작을 멈추고 원래 자리로 돌아오게 해 보세요.

31. 자동문

>>>>> **작품 설명**
자동문의 움직임을 보여 주는 시뮬레이션입니다.

조작법

- 시작하기를 클릭하면 작품이 실행됩니다.

작품 미리보기

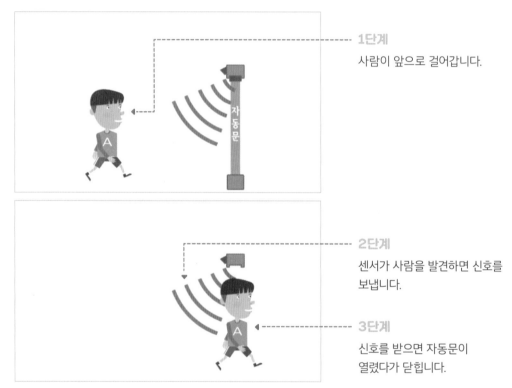

1단계
사람이 앞으로 걸어갑니다.

2단계
센서가 사람을 발견하면 신호를 보냅니다.

3단계
신호를 받으면 자동문이 열렸다가 닫힙니다.

프로그래밍 개념

순차　선택
반복　이벤트

엔트리 기능

모양　이동하기

작품 주소

bit.ly/entrybook31

오브젝트 살펴보기

이름	자동문	자동문틀	센서	걷고있는 사람(2)
카테고리	물건	물건	환경	사람
x	105	100	55	-180
y	-45	45	-45	-50
크기	100	30	100	100

 코드 이해하기

걷고있는 사람(2)

앞으로 이동하며 모양을 바꿔서 걸어가는 효과를 내요.

잠깐 기다려서 천천히 걷도록 해요.

센서

사람과 닿았는지 판단해요.

사람과 닿으면 '문열림' 신호를 보내요.

자동문

'문열림' 신호를 받으면 모양을 숨겨요.

3초 뒤에 다시 모양을 보이게 해요.

TIP 신호는 **속성 탭-신호-신호 추가하기**에서 만들 수 있습니다.

WHY 왜 '문열림' 신호를 사용하나요?

신호는 내 오브젝트에서 다른 오브젝트에 변화를 주고 싶을때 주로 사용합니다. 여기서는 센서가 사람에 닿으면 '문열림' 신호를 보내고, 자동문은 그 신호를 받을 때 3초간 사라졌다가 다시 등장하는 방식으로 사용되었습니다. 이렇게 약속된 신호를 보내고, 신호를 받았을 때 어떤 행동을 할지 정하면 한 오브젝트의 코드로 다른 오브젝트에 변화를 줄 수 있습니다.

더 나아가기

1. 오른쪽, 왼쪽 화살표 키로 사람을 움직일 수 있게 해 보세요.
2. 2개의 버튼을 추가하고 각 버튼을 클릭하면 센서의 크기가 변하게 해 보세요.

32. 사진 꾸미기

>>>>> 작품 설명
스티커로 사진을 꾸밀 수 있는 작품입니다.

조작법

• 마우스 클릭으로 스티커를 붙일 수 있습니다.
• 키보드 화살표 키로 스티커의 모양과 크기를 바꿀 수 있습니다.
• 컨트롤 키를 누르면 글을 쓸 수 있습니다.

작품 미리보기

1단계
스티커는 마우스를
따라다닙니다.

2단계
오른쪽/왼쪽 화살표 키를
누르면 스티커가 다음/이전
모양으로 바뀝니다.

3단계
위쪽/아래쪽 화살표 키를
누르면 스티커의 크기가
바뀝니다.

5단계
컨트롤 키를 누르면 글을
입력할 수 있고, 마우스포인터
위치에 글 내용이 나타납니다.

4단계
마우스를 클릭하면 스티커를
붙일 수 있습니다.

프로그래밍 개념

순차   반복

이벤트   입출력

엔트리 기능

모양   크기

글상자   이동하기

도장찍기

작품 주소

bit.ly/entrybook32

오브젝트 살펴보기

이름	말	눈	사진
카테고리	글상자	사람	원하는 사진을 추가하세요
x	0	0	0
y	0	0	0
크기	20	100	350

 코드 이해하기

눈

• 눈 오브젝트에는
  여러 개의 모양이
  추가되어
  있습니다.

> 시작하기 버튼을 클릭했을 때
> 계속 반복하기
> 마우스포인터 ▼ 위치로 이동하기

⟶ 스티커가 마우스를 따라다니게 해요.

> 오른쪽 화살표 ▼ 키를 눌렀을 때
> 다음 ▼ 모양으로 바꾸기

⟶ 오른쪽 화살표 키를 누르면 다음 모양으로 바꿔요.

> 왼쪽 화살표 ▼ 키를 눌렀을 때
> 이전 ▼ 모양으로 바꾸기

⟶ 왼쪽 화살표 키를 누르면 이전 모양으로 바꿔요.

> 위쪽 화살표 ▼ 키를 눌렀을 때
> 크기를 10 만큼 바꾸기

⟶ 위쪽 화살표 키를 누르면 크기를 키워요.

> 아래쪽 화살표 ▼ 키를 눌렀을 때
> 크기를 -10 만큼 바꾸기

⟶ 아래쪽 화살표 키를 누르면 크기를 줄여요.

> 마우스를 클릭했을 때
> 도장 찍기

⟶ 마우스를 클릭하면 그 위치에 스티커를 붙여요.

가

말

> 시작하기 버튼을 클릭했을 때
> 대답 숨기기 ▼ ?
> 모양 숨기기

····· 대답 창과 글상자를 숨겨요.

> ctrl ▼ 키를 눌렀을 때
> 마우스포인터 ▼ 위치로 이동하기
> 쓰고 싶은 말을 입력해 을(를) 묻고 대답 기다리기 ?
> 대답 라고 글쓰기 가
> 모양 보이기

····· 컨트롤 키를 누르면 마우스포인터로 이동해요.

····· 사진에 나타날 글을 입력받아요.

····· 입력받은 글을 글상자에 쓰고 글상자를 보이게 해요.

TIP 👆

- **오브젝트 추가하기-파일 올리기**에서 꾸미고 싶은 사진을 올려 보세요.
- 스티커가 사진 뒤에 가려진다면 사진을 오브젝트 목록에서 가장 아래로 내려 보세요.

- 눈 오브젝트에는 다양한 스티커 모양을 추가해 보세요.

WHY 💡

왜 컨트롤 키를 누를 때 글상자가 마우스포인터 위치로 이동하나요?

마우스로 원하는 위치를 가리키고 컨트롤 키를 누르면 그 자리에 글을 입력할 수 있도록 컨트롤 키를 눌렀을 때 가장 먼저 마우스포인터 위치로 글상자의 위치를 옮기도록 했습니다.

더 나아가기

1. a, d 키를 누르면 스티커가 오른쪽, 왼쪽으로 회전하게 해 보세요.
2. 스페이스 키를 누르면 붙여 놓은 스티커가 사라지게 해 보세요.

33. 축구기사 자동 작성 로봇

>>>>> **작품 설명**
정보를 입력하면 자동으로 기사를 작성해 주는 작품입니다.

 조작법
- 각종 정보를 입력합니다.

 작품 미리보기

1단계
사용법을 소개하고 클릭하면 각종 정보를 묻습니다.

2단계
자동으로 기사를 작성해서 보여 줍니다.

 프로그래밍 개념
순차   변수
이벤트   입출력

 엔트리 기능
말하기   글상자

 작품 주소
bit.ly/entrybook33

오브젝트 살펴보기

이름	꼬마 로봇	내용	축구 기사 작성 로봇	운동장
카테고리	판타지	글상자	글상자	배경
x	215	0	0	0
y	-90	-30	110	0
크기	70	305	185	375

코드 이해하기

꼬마 로봇

> 시작하기 버튼을 클릭했을 때
> 변수 우수 선수 ▼ 숨기기 ?
> 변수 경기장 ▼ 숨기기 ?
> 변수 스코어 ▼ 숨기기 ?
> 변수 진 팀 ▼ 숨기기 ?
> 변수 이긴 팀 ▼ 숨기기 ?
> 변수 기자 이름 ▼ 숨기기 ?
> 대답 숨기기 ▼ ?

⸱⸱⸱ 각종 변수 창과 대답 창을 숨겨요.

> 클릭하면 기사를 자동으로 작성해 드립니다. 을(를) 4 초 동안 말하기

⸱⸱⸱ 클릭하면 기사를 작성한다고 말해요.

> 오브젝트를 클릭했을 때
> 경기장은 어디입니까? 을(를) 묻고 대답 기다리기 ?
> 경기장 ▼ 를 대답 (으)로 정하기 ?
> 이긴 팀은 어디입니까 을(를) 묻고 대답 기다리기 ?
> 이긴 팀 ▼ 를 대답 (으)로 정하기 ?
> 진 팀은 어디입니까 을(를) 묻고 대답 기다리기 ?
> 진 팀 ▼ 를 대답 (으)로 정하기 ?
> 우수 선수는 누구입니까? 을(를) 묻고 대답 기다리기 ?
> 우수 선수 ▼ 를 대답 (으)로 정하기 ?
> 스코어는 몇대 몇 입니까? 을(를) 묻고 대답 기다리기 ?
> 스코어 ▼ 를 대답 (으)로 정하기 ?
> 기자의 이름은 무엇입니까? 을(를) 묻고 대답 기다리기 ?
> 기자 이름 ▼ 를 대답 (으)로 정하기 ?

⸱⸱⸱ 오브젝트를 클릭하면 각종 정보를 묻고 입력받은 값을 각 변수에 저장해요.

> 기사 쓰기 ▼ 신호 보내기

⸱⸱⸱ '기사 쓰기' 신호를 보내요.

가

내용

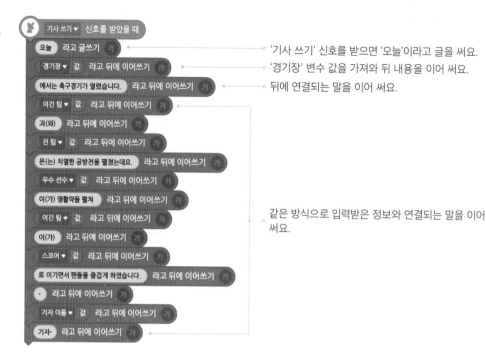

'기사 쓰기' 신호를 받으면 '오늘'이라고 글을 써요.

'경기장' 변수 값을 가져와 뒤 내용을 이어 써요.

뒤에 연결되는 말을 이어 써요.

같은 방식으로 입력받은 정보와 연결되는 말을 이어
써요.

TIP 👆

내용 글상자는 **글상자-여러 줄 쓰기**로 설정을 변경해 주세요.

WHY 💡

기사를 쓸 때 〔 **엔트리** 라고 뒤에 이어쓰기 **가** 〕 블록은 왜 사용하나요?

글상자로 글을 쓰려면 〔 **엔트리** 라고 글쓰기 **가** 〕, 〔 **엔트리** 라고 뒤에 이어쓰기 **가** 〕, 〔 **엔트리** 라고 앞에 추가하기 **가** 〕 블
록을 사용하면 됩니다. 〔 **엔트리** 라고 뒤에 이어쓰기 **가** 〕 블록은 글상자의 내용을 뒤에 추가하는 블록
으로, 여러 가지 내용을 쉽게 붙여 쓰고 싶을 때 사용합니다. 이 작품에서는 입력받은 정보와
공통되는 말을 이어서 추가하기 위해 사용했습니다.

더 나아가기

1. 야구기사를 자동으로 작성하는 작품을 만들어 보세요.
2. **확장** 카테고리에서 여러 가지 확장 블록을 불러와서 자동으로 기사나 글을 쓰게 해 보세요.

생활 | ★★☆☆☆

34. 번역기

>>>>> **작품 설명**
한국어에서 영어로, 영어에서 한국어로 번역을 해주는 작품입니다.

 조작법
• 원하는 번역을 클릭하고 단어나 문장을 입력합니다.

 작품 미리보기

2단계
클릭하면 한국어를 입력받고
말풍선과 음성으로 번역
결과를 보여 줍니다.

1단계
사용 방법을
설명합니다.

3단계
클릭하면 영어를 입력받고
말풍선과 음성으로 번역
결과를 보여 줍니다.

 프로그래밍 개념

순차   변수

이벤트   입출력

 엔트리 기능

말하기   글상자

인공지능

 작품 주소

bit.ly/entrybook34

🔍 오브젝트 살펴보기

이름	영 → 한	한 → 영	할아버지 마법사	아름다운 세상_1
	가 가			
카테고리	글상자	글상자	판타지	배경
x	115	-120	0	0
y	75	75	-65	0
크기	60	60	100	375

🔍 코드 이해하기

할아버지
마법사

> 시작하기 버튼을 클릭했을 때
> 변수 번역본▼ 숨기기 ❓
> 대답 숨기기▼ ❓
> 원하는 번역을 선택해봐! 을(를) 말하기▼ 🔁
> 남성▼ 목소리를 보통▼ 속도 매우 낮은▼ 음높이로 설정하기 ⚙

········ 각종 변수 창과 대답 창을 숨겨요.
········ 원하는 번역을 선택하라고 말해요.
········ 읽어 주는 음성을 설정해요.

> 한영▼ 신호를 받았을 때
> 번역하고 싶은 언어를 입력해 을(를) 묻고 대답 기다리기 ❓
> 번역본▼ 를 한국어▼ 대답 을(를) 영어▼ 로 번역하기 (으)로 정하기 ⚙
> 번역본▼ 값 을(를) 말하기▼ 🔁
> 번역본▼ 값 읽어주기 ⚙

········ '한영' 신호를 받으면 언어를 입력받아요.
········ 입력받은 한국어(대답)를 영어로 번역해서 '번역본' 변수에 넣어요.
········ '번역본' 변수의 내용을 말풍선으로 나타내요.
········ '번역본' 변수의 내용을 음성으로 읽어 줘요.

> 영한▼ 신호를 받았을 때
> 번역하고 싶은 언어를 입력해 을(를) 묻고 대답 기다리기 ❓
> 번역본▼ 를 영어▼ 대답 을(를) 한국어▼ 로 번역하기 (으)로 정하기 ⚙
> 번역본▼ 값 을(를) 말하기▼ 🔁
> 번역본▼ 값 읽어주기 ⚙

········ '영한' 신호를 받으면 언어를 입력받아요.
········ 입력받은 영어(대답)를 한국어로 번역해서 '번역본' 변수에 넣어요.
········ '번역본' 변수의 내용을 말풍선으로 나타내요.
········ '번역본' 변수의 내용을 음성으로 읽어 줘요.

가

한 → 영

> 오브젝트를 클릭했을 때
> 한영▼ 신호 보내기 🚩

········ 클릭하면 '한영' 신호를 보내요.

가

영 → 한

오브젝트를 클릭했을 때
영한▼ 신호 보내기 ···················· 클릭하면 '영한' 신호를 보내요.

TIP 👆
블록 탭-인공지능-AI 블록 불러오기에서 '번역'과 '읽어주기'를 추가하면 관련 블록이 나타납니다.

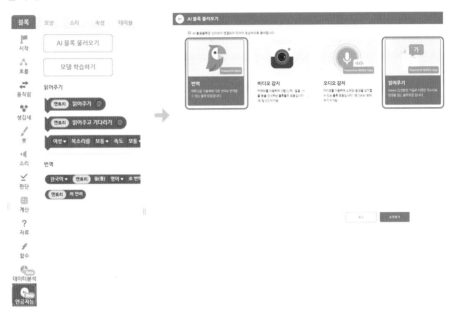

WHY 💡
왜 '번역본' 변수에 번역된 내용이 들어오나요?
블록을 하나씩 살펴봅시다. 묻고 대답 기다리기 블록에서 입력받은 값은 **대답** 에 저장이 됩니다. 한국어인 **대답** 값을 번역 블록에 넣어서 영어로 번역을 하고, 그 결과 값을 **번역본▼ 값** 변수로 정했기 때문에 이 변수에 번역된 내용이 들어가게 됩니다.

더 나아가기
1. 다양한 언어를 추가해 보세요.
2. 읽어주는 음성의 설정 값을 다양하게 바꿔 보세요.

35. 반장 투표

>>>>> **작품 설명**
한 컴퓨터에서 반장 투표를 하고 결과를 확인할 수 있는 작품입니다.

조작법

- 학생 수를 입력합니다.
- 뽑고 싶은 학생을 클릭합니다.

작품 미리보기

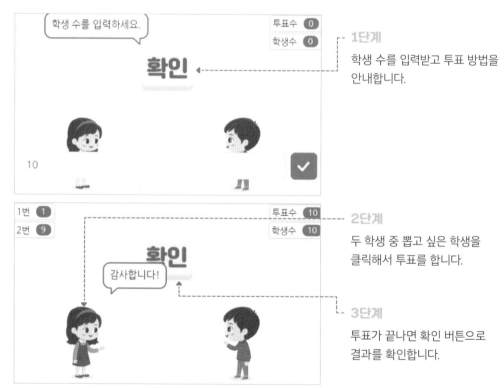

1단계
학생 수를 입력받고 투표 방법을
안내합니다.

2단계
두 학생 중 뽑고 싶은 학생을
클릭해서 투표를 합니다.

3단계
투표가 끝나면 확인 버튼으로
결과를 확인합니다.

프로그래밍 개념

순차　선택
변수　이벤트
입출력　비교연산

엔트리 기능

말하기

작품 주소

bit.ly/entrybook35

오브젝트 살펴보기

이름	확인 버튼	소년(3)	소녀(2)
카테고리	인터페이스	사람	사람
x	0	115	-125
y	50	-75	-75
크기	70	100	100

코드 이해하기

확인

확인 버튼

> 시작하기 버튼을 클릭했을 때
> 변수 1번▼ 숨기기
> 변수 2번▼ 숨기기 ┄┄┄┄┄┄ 각종 변수 창과 대답 창을 숨겨요.
> 대답 숨기기▼
> 학생 수를 입력하세요. 을(를) 묻고 대답 기다리기 ┄┄┄ 학생 수를 입력받아요.
> 학생수▼ 를 대답 (으)로 정하기 ┄┄┄ '학생수' 변수에 입력받는 값(대답)을 넣어요.
> 뽑고 싶은 학생을 클릭해서 투표를 하세요. 을(를) 4 초 동안 말하기▼ ┄┄ 뽑고 싶은 학생을 클릭하라고 말해요.

> 오브젝트를 클릭했을 때
> 만일 학생수▼ 값 > 투표수▼ 값 (이)라면
> 투표가 끝나지 않았습니다. 을(를) 4 초 동안 말하기▼
> 아니면
> 변수 1번▼ 보이기
> 변수 2번▼ 보이기

학생 수가 투표 수보다 더 많다면 아직 투표를 하지 않은 사람이 있기 때문에 클릭하면 투표가 끝나지 않았다고 말해요.

학생 수가 투표 수와 같아지면 투표가 끝났기 때문에 클릭하면 '1번', '2번' 변수창을 보이게 해서 결과를 보여 줘요.

소녀(2)

> 오브젝트를 클릭했을 때
> 만일 학생수▼ 값 > 투표수▼ 값 (이)라면
> 1번▼ 에 1 만큼 더하기
> 투표수▼ 에 1 만큼 더하기
> 감사합니다! 을(를) 2 초 동안 말하기▼
> 아니면
> 더이상 투표할 수 없습니다. 을(를) 4 초 동안 말하기▼

클릭하면 학생 수보다 투표 수가 더 큰지 판단해요.

학생 수가 투표 수보다 더 많다면 아직 투표를 하지 않은 사람이 있기 때문에 클릭하면 '1번' 변수 값에 1을 더해요.

1명이 투표를 했기 때문에 '투표수' 변수에 1을 더하고 감사하다고 말해요.

학생 수가 투표 수와 같아져서 모든 학생이 투표하면 더 이상 투표를 하지 못한다고 말해요.

소년(3)

```
오브젝트를 클릭했을 때
만일  학생수 ▼ 값  >  투표수 ▼ 값  (이)라면
  2번 ▼ 에 1 만큼 더하기
  투표수 ▼ 에 1 만큼 더하기
  감사합니다! 을(를) 2 초 동안 말하기 ▼
아니면
  더이상 투표할 수 없습니다. 을(를) 4 초 동안 말하기 ▼
```

클릭하면 학생 수보다 투표 수가 더 큰지 판단해요.

학생 수가 투표 수보다 더 많다면 아직 투표를 하지 않은 사람이 있기 때문에 클릭하면 '2번' 변수 값에 1을 더해요.

1명이 투표를 했기 때문에 '투표수' 변수에 1을 더하고 감사하다고 말해요.

학생 수가 투표 수와 같아져서 모든 학생이 투표하면 더 이상 투표를 하지 못한다고 말해요.

TIP 🖐

변수 창은 실행화면에서 드래그해서 위치를 바꿀 수 있습니다. 원하는 위치로 옮겨주세요.

WHY 💡

소년, 소녀 오브젝트를 클릭할 때 왜 학생 수와 투표 수를 비교하나요?

학급에서 반장을 뽑을 때 나올 수 있는 표는 전체 학생 수만큼입니다. 따라서 투표 프로그램이 시작될 때 학생 수를 입력받고 '학생수' 변수에 값을 저장했습니다. '투표수' 변수는 현재 몇 명이 투표했는지를 저장하는 변수입니다. '학생수'와 '투표수'를 비교하는 것은 '학생수'보다 '투표수'가 더 많아지는 일이 발생하지 않도록 하기 위해서입니다. 그래서 '학생수'가 '투표수'보다 클 때만 투표를 할 수 있게 코드를 작성했습니다.

더 나아가기

1. 확인 버튼을 클릭하면 결과를 분석하여 누가 뽑혔는지 말해 주게 해 보세요.

2. 사용자 이름을 입력받고 리스트를 만들어서 투표를 한 사람 명단을 기록하게 해 보세요.

36. 전자 도어락

>>>>> **작품 설명**
비밀번호를 입력해서 문을 여는 전자 도어락 시뮬레이션입니다.

 조작법
• 비밀번호를 맞힐 때까지 비밀번호를 입력합니다.

 작품 미리보기

1단계
비밀번호를 5549로 미리 정합니다.

2단계
비밀번호를 입력받습니다.

3단계
비밀번호가 맞으면 소리와 함께 문이 열립니다.

4단계
비밀번호가 다르면 소리가 나고 다시 입력받습니다.

 프로그래밍 개념
순차 선택
 반복 변수 입출력
비교연산

 엔트리 기능
모양 소리
말하기

 작품 주소
bit.ly/entrybook36

오브젝트 살펴보기

이름	자물쇠	아파트 현관문
카테고리	인터페이스	배경
x	95	0
y	0	0
크기	60	375

 코드 이해하기

자물쇠

자물쇠_닫힘

자물쇠_열림

시작하기 버튼을 클릭했을 때

대답 숨기기 ▼

변수 비밀번호 ▼ 숨기기 ························○ 변수 창과 대답 창을 숨겨요.

비밀번호 를 5549 (으)로 정하기 ················○ '비밀번호' 변수에 비밀번호를 5549로 설정해요.

계속 반복하기

　비밀번호 4자리를 입력하세요. 을(를) 묻고 대답 기다리기 ··○ 계속해서 비밀번호를 입력받아요.

　만일 〈 대답 = 비밀번호 ▼ 값 〉(이)라면 ····○ 입력받은 값(대답)과 정한 '비밀번호'가 같은지 판단해요.

　　자물쇠_열림 ▼ 모양으로 바꾸기 ···········○ 비밀번호가 맞으면 자물쇠의 모양을 열린 모양으로
　　　　　　　　　　　　　　　　　　　　　　　바꿔요.
　　소리 전자신호음1 ▼ 재생하기 ············○ 전자신호음 소리를 재생하고 문이 열렸다고 말해요.

　　문이 열렸습니다! 을(를) 2 초 동안 말하기 ▼

　　반복 중단하기 ··························○ 반복을 중단해요.

　아니면

　　소리 위험 경고 ▼ 재생하기 ·············○ 비밀번호가 다르면 위험 경고 소리를 재생해요.

　　다시 입력하세요. 을(를) 2 초 동안 말하기 ▼ ···○ 다시 입력하라고 말해요.

TIP

자물쇠 오브젝트에서 **소리 탭-소리 추가하기**를 클릭해서 '위험 경고', '전자신호음1' 소리를
추가해 주세요.

WHY

문이 열리면 왜 반복 중단하기 블록을 사용하나요?

비밀번호를 맞히더라도 계속 반복하기 블록과 그 안에 있는 안녕! 을(를) 묻고 대답 기다리기 블록
으로 인해 계속 비밀번호를 묻게 됩니다. 비밀번호를 맞히면 더 이상 비밀번호를 묻지 않도록
계속 반복하는 것을 중단하도록 반복 중단하기 블록을 사용했습니다.

 더 나아가기

1. '입력 횟수' 변수를 만들고 비밀번호를 맞히면 몇 번 만에 맞혔는지 말해 주게 해 보세요.
2. 비밀번호가 다른 경우 비밀번호가 입력한 숫자보다 큰지, 작은지 힌트를 알려주게 해 보세요.

37. 연예인 나이 구하기

>>>>> **작품 설명**
좋아하는 연예인이 태어난 연도를 입력하면 나이를 알려주는 작품입니다.

조작법
- 올해 연도와 연예인이 태어난 연도를 입력합니다.

작품 미리보기

1단계
올해 연도를 입력받습니다.

2단계
좋아하는 연예인이 태어난 연도를 입력받습니다.

3단계
연예인의 나이를 말해줍니다.

 프로그래밍 개념
순차　변수
입출력　산술연산

 엔트리 기능
말하기　문자열

 작품 주소
bit.ly/entrybook37

 ## 오브젝트 살펴보기

이름	학생(1)	교실 뒤(3)
카테고리	사람	배경
x	120	0
y	-60	0
크기	100	375

코드 이해하기

학생(1)

시작하기 버튼을 클릭했을 때
대답 숨기기 ▼ ?
변수 올해 연도 ▼ 숨기기 ?
변수 태어난 연도 ▼ 숨기기 ?
변수 나이 ▼ 숨기기 ?
올해 연도를 입력하세요. 을(를) 묻고 대답 기다리기 ?
올해 연도 ▼ 를 대답 (으)로 정하기 ?
내가 좋아하는 연예인이 태어난 연도를 입력하세요. 을(를) 묻고 대답 기다리기 ?
태어난 연도 ▼ 를 대답 (으)로 정하기 ?
나이 ▼ 를 올해 연도 ▼ 값 - 태어난 연도 ▼ 값 + 1 (으)로 정하기 ?
나이 ▼ 값 과(와) 살 이야 를 합치기 을(를) 2 초 동안 말하기 ?

⟶ 각종 변수 창과 대답 창을 숨겨요.

⟶ 올해 연도를 입력받아요.

⟶ 입력받은 값(대답)을 '올해 연도'
변수에 저장해요.
⟶ 연예인이 태어난 연도를 입력받아요.
⟶ 입력받은 값(대답)을 '태어난 연도'
변수에 저장해요.
⟶ '나이' 변수 값을 '올해 연도'에서
'태어난 연도'를 빼고 1을 더한
값으로 저장해요.
⟶ '~살 이야'라고 말하도록 '나이' 변수
값과 '살 이야'라는 글을 합쳐요.

TIP 👆

변수는 **속성 탭-변수-변수 추가하기**에서 추가할 수 있습니다.

WHY 💡

나이를 알려줄 때 왜 마지막에 1을 더하나요?

태어난 연도로 나이를 구하려면 '올해 연도'에서 '태어난 연도'를 빼면 된다고 생각할 수 있습니다. 하지만 우리나라 나이는 외국과 다르게 태어난 연도부터 1살로 간주하기 때문에 '올해 연도'에서 '태어난 연도'를 뺀 값에 1을 더해야 합니다.

더 나아가기

1. 현재 연도를 입력받지 않아도 자동으로 현재 연도를 가져와서 나이를 계산하게 해 보세요.
2. 나이를 입력하면 태어난 연도를 말해 주도록 수정해 보세요.

38. 주차 시뮬레이션

>>>>> **작품 설명**
자동차를 움직여서 주차하는 시뮬레이션입니다.

조작법

- 위, 아래 화살표 키를 눌러서 자동차를 움직입니다.
- 오른쪽 또는 왼쪽 화살표 키를 함께 눌러서 자동차 방향을 회전시킵니다.

작품 미리보기

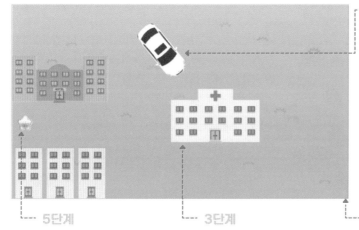

1단계

위, 아래 화살표 키로
자동차를 움직입니다.

2단계

오른쪽, 왼쪽 화살표 키에 위,
아래 화살표 키를 같이
누르면 자동차가 회전합니다.

5단계

별에 닿으면 '성공'이라
말하고 자동차가 멈춥니다.

3단계

건물에 닿으면 '쿵'이라
말하고 자동차가 멈춥니다.

4단계

벽에 닿으면 원래 위치로
이동합니다.

 프로그래밍 개념

순차　선택
반복　논리연산

 엔트리 기능

좌표　말하기
이동하기　회전하기

 작품 주소

bit.ly/entrybook38

오브젝트 살펴보기

이름	흰 자동차	호텔	아파트(2)	병원(2)	반짝이는 별	풀
카테고리	탈것	건물	건물	건물	인터페이스	배경
x	-180	-170	-170	50	-220	0
y	100	30	-100	-20	30	0
크기	60	100	100	100	50	375

코드 이해하기

흰 자동차

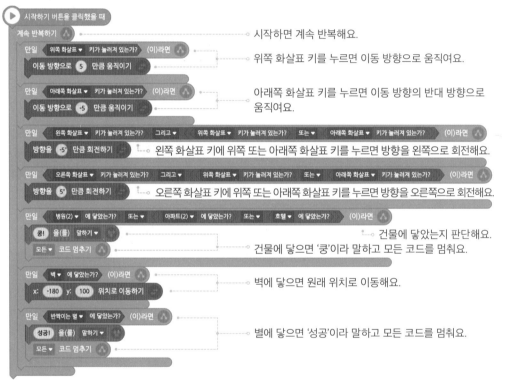

시작하면 계속 반복해요.

위쪽 화살표 키를 누르면 이동 방향으로 움직여요.

아래쪽 화살표 키를 누르면 이동 방향의 반대 방향으로 움직여요.

왼쪽 화살표 키에 위쪽 또는 아래쪽 화살표 키를 누르면 방향을 왼쪽으로 회전해요.

오른쪽 화살표 키에 위쪽 또는 아래쪽 화살표 키를 누르면 방향을 오른쪽으로 회전해요.

건물에 닿았는지 판단해요.

건물에 닿으면 '쿵'이라 말하고 모든 코드를 멈춰요.

벽에 닿으면 원래 위치로 이동해요.

별에 닿으면 '성공'이라 말하고 모든 코드를 멈춰요.

TIP

- 〈 참 또는 ▼ 거짓 〉 블록은 두 조건중 하나만 참이라도 참이 되는 블록입니다.

  〈 참 그리고 ▼ 참 〉 블록은 모든 조건이 만족되어야만 참이 되는 블록입니다.

- 흰 자동차는 **모양 탭**에서 '흰 자동차_위'로 모양을 바꿔 주세요.

WHY

화살표 키를 누를 때 〈 참 그리고 ▼ 참 〉와 〈 참 또는 ▼ 거짓 〉 블록은 왜 사용하나요?

〈 참 그리고 ▼ 참 〉와 〈 참 또는 ▼ 거짓 〉 블록은 조건을 연결하여 복잡한 조건을 만들 때 사용합니다. 또한 중복되는 코드를 간결하게 표현할 때도 사용됩니다. 예를 들어 하나의 화살표 키만 눌렀을 때 다음 코드를 동작하려면 조건이 하나면 됩니다. 하지만 스페이스 키와 엔터 키를 동시에 눌렀을 때 다음 코드를 동작하려면 '스페이스 키가 눌러져 있는가?'와 '엔터 키가 눌러져 있는가?' 두 조건을 가져와서 〈 참 그리고 ▼ 참 〉 블록으로 연결해야 합니다. 스페이스 키와 엔터 키 중 하나만 눌러도 다음 코드를 동작하게 하려면 두 조건을 가져와서 〈 참 또는 ▼ 거짓 〉 블록으로 연결하면 됩니다.

스페이스 키와 엔터 키를 동시에 눌러야 동작하는 코드

스페이스 키 또는 엔터 키 중 하나만 눌러도 동작하는 코드

더 나아가기

1. 건물에 닿았을 때 '자동차 사고' 소리를 재생하도록 수정해 보세요.
2. 초시계를 사용하여 30초 안에 별 위치에 주차하지 않으면 시뮬레이션이 종료되게 해 보세요.

39. 발표자 뽑기

입력한 이름 중에서 한 명을 선택해서 발표자를 뽑는 작품입니다.

조작법

- 학생 수와 학생의 이름을 입력합니다.
- 선택 버튼을 클릭하면 발표자를 뽑습니다.

작품 미리보기

1단계
추가할 학생 수를
입력받습니다.

2단계
학생 수만큼 학생 이름을
입력받습니다.

3단계
버튼을 클릭하면 이름을
입력한 학생 중에서
발표자를 1명 뽑습니다.

프로그래밍 개념

순차　반복
변수　이벤트　입출력
리스트

엔트리 기능

말하기　무작위 수

작품 주소

bit.ly/entrybook39

오브젝트 살펴보기

이름	선택 버튼	선생님(2)	교실(2)
카테고리	인터페이스	사람	배경
x	165	30	0
y	-85	-30	0
크기	100	150	375

코드 이해하기

선생님(2)

변수 창과 대답 창을 숨겨요.

추가할 학생 수를 입력받아요.

학생 수만큼 아래 블록을 반복해요.

학생 이름을 입력받아요.

입력받은 값(대답)을 '발표자' 리스트에 추가해요.

'뽑기' 신호를 받으면 '오늘의 발표자는…'
이라고 말해요.

'번호' 변수 값에 1부터 발표자의 수 사이의
무작위 수를 넣어요.

'발표자' 리스트에서 무작위로 선택된 '번호'
변수 번째 항목을 말해요.

선택

선택 버튼

버튼을 클릭하면 '뽑기' 신호를 보내요.

TIP 👆

리스트는 **속성 탭-리스트-리스트 추가하기**에서 추가할 수 있습니다.

WHY 💡

발표자 리스트에서 항목을 선택할 때 왜 '번호' 변수를 사용하나요?

리스트를 사용하면 하나의 이름에 여러 개의 자료를 넣을 수 있습니다. 여러 개의 자료는 항목 번호로 구분이 됩니다. 처음에 추가한 항목의 번호는 1이고 두 번째로 추가한 항목의 번호는 2가 되는 것처럼 항목이 추가될 때마다 항목 번호도 1씩 증가합니다.

이 작품에서는 '발표자' 리스트에 여러 학생의 이름을 추가했습니다. 무작위로 학생 1명을 뽑기 위해서 '번호' 변수를 만들고, 그 안에 무작위 번호를 넣었습니다. 그리고 발표자 리스트에서 무작위 번호인 '번호' 변수 번째 항목을 말하게 하여서 무작위로 발표자를 뽑도록 구현했습니다.

리스트 이름

항목 번호

 더 나아가기

1. 발표자를 2명 뽑게 수정해 보세요.
2. 한 번 발표자로 뽑히면 중복해서 뽑히지 않게 해 보세요.

생활 | ★★★★★

40. 로봇 강아지

>>>>> **작품 설명**
음성으로 명령을 내려서 로봇 강아지를 움직이는 작품입니다.

조작법
• 스페이스 키를 누르고 음성으로 오른쪽, 왼쪽이라 말해서 로봇 강아지를 움직입니다.

작품 미리보기

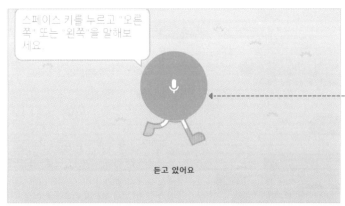

스페이스 키를 누르고 "오른쪽" 또는 "왼쪽"을 말해보세요.

듣고 있어요

1단계
마이크가 연결되었는지 확인하고 사용 방법을 말합니다.

2단계
스페이스 키를 누르면 음성을 인식합니다.

오른쪽

3단계
오른쪽이라 말하면 오른쪽으로 이동하고, 왼쪽을 말하면 왼쪽으로 이동합니다.

프로그래밍 개념
순차 선택
반복 이벤트
비교연산

엔트리 기능
좌표 말하기
이동하기 인공지능

작품 주소
bit.ly/entrybook40

오브젝트 살펴보기

이름	(1)엔트리봇	풀
카테고리	엔트리봇 친구들	배경
x	0	0
y	0	0
크기	100	375

코드 이해하기

(1)엔트리봇

시작하기 버튼을 클릭했을 때
계속 반복하기
만일 마이크가 연결되었는가? (이)라면 ······○ 마이크가 연결되었는지 판단해요.
스페이스 키를 누르고 "오른쪽" 또는 "왼쪽"을 말해보세요. 을(를) 말하기 ······○ 마이크가 연결되면 사용법을 알려줘요.
아니면
마이크를 연결해 주세요 을(를) 말하기 ······○ 마이크가 연결되지 않았으면
연결하라고 말해요.

스페이스 ▼ 키를 눌렀을 때
음성 인식하기 ······○ 스페이스 키를 누르면 음성을 인식해요.
음성을 문자로 바꾼 값 을(를) 말하기 ▼ ······○ 음성 인식한 결과를 말풍선으로 나타내요.
만일 음성을 문자로 바꾼 값 = 오른쪽 (이)라면 ······○ 음성 인식한 결과 값이 '오른쪽'이면 2초 동안 x좌표를
2 초 동안 x: 30 y: 0 만큼 움직이기 30만큼 바꿔서 오른쪽으로 움직여요.

만일 음성을 문자로 바꾼 값 = 왼쪽 (이)라면 ······○ 음성 인식한 결과 값이 '왼쪽'이면 2초 동안 x좌표를
2 초 동안 x: -30 y: 0 만큼 움직이기 -30만큼 바꿔서 왼쪽으로 움직여요.

TIP 👆 **인공지능-AI 블록 불러오기**에서 '오디오 감지'를 추가하면 관련 음성 인식 블록이 나타납니다.

WHY 💡 왜 음성을 문자로 바꾼 값 을 말풍선으로 나타내나요?
음성 인식한 결과를 말풍선으로 나타내지 않으면 코드가 잘못 작성된 것인지, 음성 인식이 잘못
된 것인지 판단하기가 힘듭니다. 따라서 음성 인식을 한 다음 음성 인식 결과인 음성을 문자로 바꾼 값
을 말풍선으로 나타내서 음성이 어떻게 인식되었는지 확인할 수 있도록 했습니다.

더 나아가기

1. '짖어'라고 말하면 강아지 소리를 내도록 기능을 추가해 보세요.
2. 여러 가지 음성에 반응하도록 로봇 강아지의 기능을 추가해 보세요.

41. 나의 소망 목록

>>>>> 작품 설명

나의 소망을 추가, 수정, 삭제하며 관리할 수 있는 작품입니다.

조작법

- 마우스로 각 메뉴를 클릭해서 소망을 추가, 수정, 삭제할 수 있습니다.
- 토글 버튼을 클릭해서 소망 목록을 숨기거나 볼 수 있습니다.

작품 미리보기

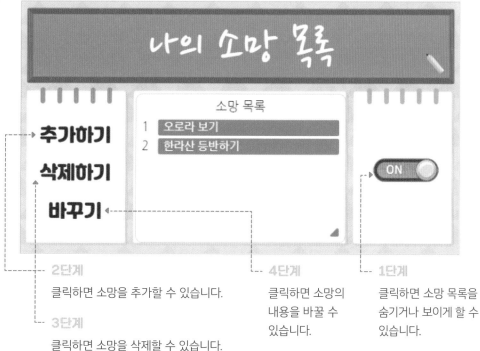

2단계
클릭하면 소망을 추가할 수 있습니다.

3단계
클릭하면 소망을 삭제할 수 있습니다.

4단계
클릭하면 소망의 내용을 바꿀 수 있습니다.

1단계
클릭하면 소망 목록을 숨기거나 보이게 할 수 있습니다.

프로그래밍 개념

순차   선택   변수   이벤트   입출력   리스트   비교연산

엔트리 기능

모양   속성값   글상자

작품 주소

bit.ly/entrybook41

오브젝트 살펴보기

이름	토글	바꾸기	삭제하기	추가하기	나의 소망 목록	나의공책
카테고리	인터페이스	글상자	글상자	글상자	글상자	배경
x	180	-180	-180	-180	0	0
y	-45	-90	-50	-10	-85	0
크기	50	40	50	50	200	375

 코드 이해하기

ON 토글

▶ 시작하기 버튼을 클릭했을 때
대답 숨기기 ▼
변수 바꿀 번호 ▼ 숨기기

····· 각종 변수 창과 대답 창을 숨겨요.

ON / OFF

오브젝트를 클릭했을 때
다음 ▼ 모양으로 바꾸기
만일 토글 ▼ 의 모양 번호 ▼ = 1 (이)라면
리스트 소망 목록 ▼ 보이기
아니면
리스트 소망 목록 ▼ 숨기기

····· 클릭하면 모양을 바꿔요.
····· 바뀐 모양의 모양 번호가 1이면 리스트를 보이게 해요.
····· 바뀐 모양의 모양 번호가 1이 아니면(즉, 2면) 리스트를 숨겨요.

가 추가하기

오브젝트를 클릭했을 때
추가할 소망을 입력하세요. 을(를) 묻고 대답 기다리기
대답 항목을 소망 목록 ▼ 에 추가하기

····· 오브젝트를 클릭하면 소망을 입력받아요.
····· 입력받은 값(대답)을 '소망 목록' 리스트에 추가해요.

가 삭제하기

오브젝트를 클릭했을 때
삭제하고 싶은 소망의 항목 번호를 입력하세요. 을(를) 묻고 대답 기다리기
대답 번째 항목을 소망 목록 ▼ 에서 삭제하기

····· 오브젝트를 클릭하면 삭제하고 싶은 항목 번호를 입력받아요.
····· 입력받은 값(대답) 번째 항목을 '소망 목록' 리스트에서 삭제해요.

가 바꾸기

오브젝트를 클릭했을 때
바꾸고 싶은 소망의 항목 번호를 입력하세요. 을(를) 묻고 대답 기다리기
바꿀 번호 ▼ 를 대답 (으)로 정하기
수정할 내용을 입력하세요. 을(를) 묻고 대답 기다리기
소망 목록 ▼ 의 바꿀 번호 ▼ 값 번째 항목을 대답 (으)로 바꾸기

····· 오브젝트를 클릭하면 내용을 바꾸고 싶은 항목 번호를 입력받아요.
····· 입력받은 값(대답)을 '바꿀 번호' 변수에 저장해요.
····· 바꾸고 싶은 내용을 입력받아요.
····· 해당 항목의 내용을 입력받은 값(대답)으로 바꿔요.

- 리스트는 **속성 탭-리스트-리스트 추가하기**에서 추가할 수 있습니다.
- 리스트 창은 실행화면에서 드래그해서 크기와 위치를 바꿀 수 있습니다.

WHY

토글 버튼을 클릭할 때 왜 모양 번호를 비교하나요?

엔트리에서는 오브젝트별로 여러 개의 모양을 가질 수 있습니다. 여러 개의 모양이 있을 때는 가장 첫 모양은 1, 그다음 모양은 2와 같이 모양 번호가 부여됩니다. 토글은 ON 모양의 모양 번호가 1, OFF 모양의 모양 번호가 2입니다. 이 작품에서 ON 모양일 때는 리스트를 보여 주고 OFF 모양일 때는 리스트를 숨기므로 현재 모양이 어떤 모양인지 판단하기 위해 모양 번호가 1인지 비교하고 1이면 보이고, 1이 아니면 숨기도록 했습니다.

더 나아가기

1. 모두 삭제하기 글상자를 추가하고 클릭하면 모든 소망을 삭제하게 해 보세요.
2. 순서 바꾸기 글상자를 추가하고 클릭하면 소망의 순서를 바꿀 수 있게 해 보세요.

42. 날씨 알리미

>>>>> **작품 설명**
오늘의 날씨를 알려주는 작품입니다.

 조작법

- 시작하기를 클릭하면 작품이 실행됩니다.

 작품 미리보기

오늘의 서울 날씨

기온 : 15.7℃
미세먼지 : 71μg/m

예보 :최저기온 12℃, 최고기온 17℃입니다. 습도는 45%, 풍속은 5.7m/s, 강수확률은 13% 입니다.

1단계
현재 기온과 미세먼지를 글로 보여 줍니다.

2단계
오늘의 상세한 날씨를 글로 보여 줍니다.

3단계
날씨에 따라 배경을 바꿉니다.

 프로그래밍 개념

순차　선택
반복　비교연산
논리연산

 엔트리 기능

모양　확장
문자열　글상자

작품 주소
bit.ly/entrybook42

 오브젝트 살펴보기

이름	오늘의 날씨	기온	미세먼지	예보 :	날씨
카테고리	글상자	글상자	글상자	글상자	배경
x	110	-230	-230	0	0
y	110	0	-40	-115	0
크기	130	60	90	280	375

코드 이해하기

가

기온

시작하기 버튼을 클릭했을 때
계속 반복하기
[기온: 과(와) 현재 서울▼ 전체▼ 의 기온(℃)▼ 를 합치기 과(와) ℃ 를 합치기 라고 글쓰기]

○ 현재 서울의 기온 데이터를 가져와서 글로 나타내요.

가

미세먼지

시작하기 버튼을 클릭했을 때
계속 반복하기
[미세먼지: 과(와) 현재 서울▼ 전체▼ 의 미세먼지농도(μg)▼ 를 합치기 과(와) μg/m 를 합치기 라고 글쓰기]

○ 현재 서울의 미세먼지 데이터를 가져와서 글로 나타내요.

가

예보:

시작하기 버튼을 클릭했을 때
[최저기온 과(와) 오늘▼ 서울▼ 전체▼ 의 최저기온(℃)▼ 를 합치기 과(와) ℃, 를 합치기 라고 뒤에 이어쓰기]
[최고기온 과(와) 오늘▼ 서울▼ 전체▼ 의 최고기온(℃)▼ 를 합치기 과(와) ℃입니다. 를 합치기 라고 뒤에 이어쓰기]
[습도는 과(와) 오늘▼ 서울▼ 전체▼ 의 습도(%)▼ 를 합치기 과(와) %, 를 합치기 라고 뒤에 이어쓰기]
[풍속은 과(와) 오늘▼ 서울▼ 전체▼ 의 풍속(m/s)▼ 를 합치기 과(와) m/s, 를 합치기 라고 뒤에 이어쓰기]
[강수확률은 과(와) 오늘▼ 서울▼ 전체▼ 의 강수확률(%)▼ 를 합치기 과(와) % 입니다. 를 합치기 라고 뒤에 이어쓰기]
만일 < 오늘▼ 서울▼ 전체▼ 의 강수확률(%)▼ > 70 > (이)라면
  [오늘은 우산을 꼭 챙겨가세요. 라고 뒤에 이어쓰기]
만일 < 오늘▼ 서울▼ 전체▼ 의 풍속(m/s)▼ > 10 > (이)라면
  [오늘은 강풍에 유의하세요. 라고 뒤에 이어쓰기]

○ 오늘 서울의 최저기온, 최고기온, 습도, 풍속, 강수확률을 가져와서 글로 나타내요.

○ 강수확률이 70%를 넘으면 우산을 챙기라는 글을 추가해요.

○ 풍속이 10m/s를 넘으면 강풍에 유의하라는 글을 추가해요.

날씨

시작하기 버튼을 클릭했을 때
만일 < 오늘▼ 서울▼ 전체▼ 의 날씨가 맑음▼ 인가? 또는▼ 오늘▼ 서울▼ 전체▼ 의 날씨가 구름조금▼ 인가? > (이)라면
  [날씨_맑음▼ 모양으로 바꾸기]
만일 < 오늘▼ 서울▼ 전체▼ 의 날씨가 구름많음▼ 인가? 또는▼ 오늘▼ 서울▼ 전체▼ 의 날씨가 흐림▼ 인가? > (이)라면
  [날씨_흐림▼ 모양으로 바꾸기]
만일 < 오늘▼ 서울▼ 전체▼ 의 날씨가 비▼ 인가? 또는▼ 오늘▼ 서울▼ 전체▼ 의 날씨가 진눈깨비▼ 인가? 또는▼ 오늘▼ 서울▼ 전체▼ 의 날씨가 눈▼ 인가? > (이)라면
  [날씨_비옴▼ 모양으로 바꾸기]

○ 서울의 날씨가 맑거나 구름이 조금이면 맑은 배경으로 바꿔요.

○ 서울의 날씨가 구름이 많거나, 흐림이면 흐린 배경으로 바꿔요.

○ 서울의 날씨가 비, 진눈깨비, 눈 중 하나인 경우 비 오는 배경으로 바꿔요.

날씨_맑음   날씨_밤   날씨_비옴   날씨_흐림

TIP · 확장-확장 블록 불러오기에서 '날씨'를 추가하면 날씨 블록이 나타납니다.

· 예보 글상자는 **오브젝트 추가하기**를 클릭한 후 **글상자-여러 줄 쓰기**로 설정을 변경해 주세요.

WHY
날씨 정보를 글로 나타낼 때 「 엔트리 라고 뒤에 이어쓰기 가 」 블록은 왜 사용하나요?

글상자로 글을 쓰려면 「 엔트리 라고 글쓰기 가 」 , 「 엔트리 라고 뒤에 이어쓰기 가 」 , 「 엔트리 라고 앞에 추가하기 가 」 블록을 사용하면 됩니다. 「 엔트리 라고 뒤에 이어쓰기 가 」 블록은 글상자의 내용을 뒤에 추가하는 블록으로, 여러 가지 내용을 쉽게 붙여 쓸 때 사용합니다. 이 작품에서는 기온, 습도, 풍속, 강수확률 등 다양한 내용을 이어서 추가하기 위해 사용했습니다.

더 나아가기

1. 오늘 최고기온과 최저기온의 차이가 10도 이상이 나면 글상자 내용에 '심한 일교차가 예상됩니다.'가 추가되게 해 보세요.

2. 오늘 날씨를 말로 읽어 주는 기능을 추가해 보세요.

43. 마우스 움직임 따라하기

>>>>> **작품 설명**
마우스를 클릭한 상태로 움직이면 컴퓨터가 그 움직임을 따라하는 작품입니다.

 조작법
- 마우스를 클릭한 상태로 아무데나 움직인 다음 마우스 클릭을 해제합니다.

 작품 미리보기

1단계
마우스를 드래그하면
마우스포인터의 움직임을
기록합니다.

2단계
커서 오브젝트가
마우스포인터의 움직임을
따라합니다.

 프로그래밍 개념
순차 선택
반복 이벤트 리스트
비교연산

 엔트리 기능
좌표 속성값
이동하기

 작품 주소
bit.ly/entrybook43

 오브젝트 살펴보기

이름	커서(3)
카테고리	인터페이스
x	0
y	0
크기	20

코드 이해하기

커서(3)

시작하면 리스트 창을 숨겨요.

마우스를 클릭했는지 판단해요.

마우스를 클릭한 상태에서 마우스 x좌표를 'x' 리스트에
계속 추가해요.

마우스를 클릭한 상태에서 마우스 y좌표를 'y' 리스트에
계속 추가해요.

마우스 클릭을 해제하면 아래 블록을 실행해요.

'y' 리스트의 항목 수가 하나라도 있는 동안 반복해요.

커서 오브젝트의 x, y좌표 위치를 'x',
'y' 리스트의 첫 번째 항목으로 정해요.

'x', 'y' 리스트에서 각각 첫 번째 항목을 삭제해요.

TIP

x, y좌표는 오브젝트의 위치를 표현하는 데 사용됩니다.

WHY

마우스 클릭을 해제할 때 왜 마우스 움직임을 따라하게 되나요?

마우스를 클릭했을 때 마우스 x, y좌표를 'x', 'y' 리스트에 추가하여 마우스의 동작을 모두 기록했습니다. 마우스 클릭을 해제하면 'x', 'y' 리스트에 있는 가장 첫 번째 항목을 각각 가져와서 커서 오브젝트의 x, y좌표로 정합니다. 그다음 각 리스트의 첫 번째 항목을 삭제하면 두 번째 항목이 첫 번째 항목이 되고, 또다시 그 값을 불러와서 커서 오브젝트의 좌표로 정합니다. 이 동작을 리스트의 항목이 없을 때까지 반복하면 마우스의 움직임을 따라하는 것처럼 보이게 됩니다.

 더 나아가기

1. 마우스 클릭을 하고 움직이면 움직임을 기록하게 하고, 마우스 클릭을 해제하면 똑같이
   그림을 그리도록 수정해 보세요.
2. 'x', 'y' 리스트를 실시간 리스트로 만들어서 여러 사람이 동시에 마우스포인터의 움직임을
   볼 수 있게 해 보세요.

44. 선호도 조사

조작법
• 좋아하는 동물 2마리를 클릭합니다.

작품 미리보기

종아하는 동물 2마리를 클릭하세요.

모든 기회를 사용했습니다.

횟수 **0**

2단계
클릭을 2번 하면 모든 기회를 사용했다고 말합니다.

1단계
좋아하는 동물을 클릭하면 크기가 커집니다.

프로그래밍 개념
순차　선택
반복　변수　이벤트
비교연산

엔트리 기능
크기　말하기
글상자

작품 주소
bit.ly/entrybook44

오브젝트 살펴보기

	가			
이름	내가 좋아하는 동물을 클릭하세요.	곰(1)	고양이	강아지
카테고리	글상자	동물	동물	동물
x	0	-160	-15	145
y	105	0	0	0
크기	175	100	100	100

코드 이해하기

곰

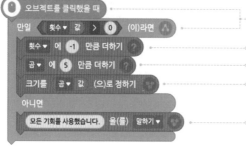

○ 시작하면 변수 창을 숨겨요.

○ 각 동물의 변수 값으로 크기를 계속 정해요.

고양이

○ 클릭하면 '횟수' 변수 값이 0보다 큰지 확인해요.

○ '횟수' 변수 값이 0보다 크면 횟수에서 1을 빼요.

○ 각 동물의 변수 값에 5를 더해요.

○ 크기를 각 동물의 변수 값으로 정해요.

강아지

○ '횟수' 변수 값이 0보다 작거나 같으면 모든 기회를 사용했다고 말해요.

• 코드 구조는 같되 변수 값 (곰, 고양이, 강아지)만 다릅니다.

TIP 👆 ┄┄┄┄┄┄┄┄┄┄┄┄┄┄┄┄┄┄┄┄┄┄┄┄┄┄┄┄┄┄┄┄┄┄┄┄

고양이', '강아지', '곰' 변수는 **속성 탭-변수-변수 추가하기**에서 **실시간 변수로 사용**을 클릭해서 만듭니다. 변수를 만든 다음 속성에서 기본값을 50으로 설정해 주세요. '횟수' 변수는 기본값을 2로 설정해 주세요.

WHY 💡 ┄┄┄┄┄┄┄┄┄┄┄┄┄┄┄┄┄┄┄┄┄┄┄┄┄┄┄┄┄┄┄┄┄┄┄┄

왜 실시간 변수를 사용하나요?

변수는 보통 실행이 종료되면 기본값으로 초기화되지만 실시간 변수는 그 값이 초기화되지 않아 마지막 값 그대로 남아 있고, 여러 명이 동시에 접속해서 사용하더라도 그 값이 실시간으로 공유됩니다. 이 작품은 여러 사람이 접속해서 작품을 실행하고 좋아하는 동물을 클릭하면 그 값이 서로 연동되어 실시간으로 반영되도록 하기 위해 각 동물 변수는 실시간 변수를 사용했고, 그 값에 따라 동물의 크기가 변하게 했습니다.

더 나아가기

1. 스페이스 키를 누르면 모든 동물의 크기가 50으로 초기화되게 해 보세요.
2. 사용자 이름을 입력받고 리스트를 만들어서 누가 어떤 동물을 클릭했는지 기록하게 해 보세요.

45. 저녁메뉴 정하는 룰렛

>>>>> **작품 설명**
룰렛을 돌려서 식사 메뉴를 정할 수 있는 작품입니다.

조작법
• 마우스를 클릭하고 있다가 뗍니다.

작품 미리보기

오늘 저녁 뭐 먹을까?

메뉴 피자

1단계
마우스를 클릭하고 있다가 떼면 룰렛이 돌아갑니다.

2단계
룰렛이 가리키고 있는 위치에 따라 저녁 메뉴가 정해집니다.

프로그래밍 개념
순차 선택
반복 변수 이벤트
비교연산 논리연산

엔트리 기능
속성값 글상자
회전하기

작품 주소
bit.ly/entrybook45

오브젝트 살펴보기

이름	룰렛 화살표	룰렛판	오늘 저녁 메뉴는?
카테고리	물건	물건	글상자
x	0	0	0
y	-15	-15	110
크기	60	200	150

코드 이해하기

룰렛 화살표

> ▶ 시작하기 버튼을 클릭했을 때
> 변수 돌리는 세기 ▼ 숨기기 ?

‘돌리는 세기’ 변수 창을 숨겨요.

> ● 마우스를 클릭했을 때
> 마우스를 클릭했는가? 인 동안 ▼ 반복하기
> 돌리는 세기 ▼ 에 1 만큼 더하기 ?

마우스를 클릭하면 마우스를 클릭하는 동안
‘돌리는 세기’ 변수 값에 1을 계속 더해요.

> 돌리는 세기 ▼ 값 ≥ 0 인 동안 ▼ 반복하기
> 방향을 돌리는 세기 ▼ 값 만큼 회전하기
> 돌리는 세기 ▼ 에 -1 만큼 더하기 ?

‘돌리는 세기’ 변수 값이 0보다 같거나 큰 동안
반복해서 ‘돌리는 세기’만큼 회전해요.

‘돌리는 세기’ 변수 값을 1만큼 줄여요.

> 만일 룰렛 화살표 ▼ 의 방향 ▼ ≥ 0 그리고 ▼ 룰렛 화살표 ▼ 의 방향 ▼ < 120 (이)라면
> 메뉴 ▼ 를 치킨 (으)로 정하기 ?

룰렛 화살표의 방향이 0도에서 119도 사이면 ‘메뉴’ 변수에 치킨을 넣어요.

> 만일 룰렛 화살표 ▼ 의 방향 ▼ ≥ 120 그리고 ▼ 룰렛 화살표 ▼ 의 방향 ▼ < 240 (이)라면
> 메뉴 ▼ 를 피자 (으)로 정하기 ?

룰렛 화살표의 방향이 120도에서 239도 사이면 ‘메뉴’ 변수에 피자를 넣어요.

> 만일 룰렛 화살표 ▼ 의 방향 ▼ ≥ 240 그리고 ▼ 룰렛 화살표 ▼ 의 방향 ▼ < 360 (이)라면
> 메뉴 ▼ 를 자장면 (으)로 정하기 ?

룰렛 화살표의 방향이 240도에서 359도 사이면 ‘메뉴’ 변수에 자장면을 넣어요.

TIP 👆

- 룰렛 화살표는 중심점을 노란색 원이 있는 곳까지 아래로 옮겨 주세요.
- 룰렛판은 **모양 탭**에서 ‘룰렛판_3’으로 모양을 바꿔 주세요.

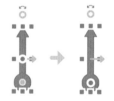

WHY 💡

룰렛 화살표의 각도를 지정할 때 왜 ⟨ 참 그리고 ▼ 참 ⟩ 블록을 사용하나요?

룰렛판을 3개 구역을 나누면 0도~119도, 120도~239도, 240도~359도로 나눌 수 있습니다.
룰렛 화살표가 멈추었을 때 방향에 따라 메뉴를 정하기 때문에 현재 방향이 어디에 속해 있
는지 판단해야 합니다. 0도~119도인지 판단하려면 0보다는 같거나 크면서 120도보다 작아
야 합니다. 이렇게 여러 가지 조건을 다 만족시키는 것을 표현할 때 ⟨ 참 그리고 ▼ 참 ⟩
블록을 사용합니다.

더 나아가기

1. 룰렛판의 모양을 ‘룰렛판_4’로 바꾸고 코드도 수정해 보세요.
2. 마우스를 클릭하는 동안 룰렛 화살표의 밝기가 어두워지게 해 보세요.

46. 물병 편지

조작법

- 물병이 나타나면 마우스로 클릭합니다.
- 물병에 담긴 편지 내용을 들은 후에는 답장을 입력합니다.

작품 미리보기

1단계
물병이 무작위
위치에 나타납니다.

2단계
물병을 클릭하면 물병에
담긴 편지 내용을 보여
주고 읽어 줍니다.

3단계
편지를 다 읽으면
답장을 할 수
있습니다.

프로그래밍 개념

순차 선택
반복 변수 이벤트
입출력 리스트
비교연산 논리연산

엔트리 기능

모양 소리
좌표 글상자 이동하기
인공지능 무작위 수

작품 주소

bit.ly/entrybook46

오브젝트 살펴보기

	가		
이름	내용	빈 유리병	모래사장
카테고리	글상자	물건	배경
x	0	-20	0
y	65	40	0
크기	300	100	375

코드 이해하기

빈 유리병

▶ 시작하기 버튼을 클릭했을 때
대답 숨기기 ▼ ?
변수 번호 ▼ 숨기기 ?
리스트 편지 ▼ 숨기기 ?
　　　　　　　　　　　　⟶ 대답 창, 변수 창, 리스트 창을 숨겨요.
계속 반복하기
　x: -240 부터 240 사이의 무작위 수 y: -100 부터 0 사이의 무작위 수 위치로 이동하기
　　　　　　　　　　　⟶ 실행화면의 무작위 위치에 나타나게 해요.
　소리 파도소리 ▼ 재생하기
　모양 보이기
　　　　　　　　　⟶ 파도소리와 함께 모양을 보이게 해요.
　마우스를 클릭했는가? 그리고 ▼ 마우스포인터 ▼ 에 닿았는가? 이(가) 될 때까지 기다리기
　　　　　　　　　⟶ 물병을 클릭할 때까지 기다려요.
　모양 숨기기
　　　　　　　　　⟶ 물병을 클릭하면 모양을 숨겨요.
　엔터 ▼ 키가 눌러져 있는가? 이(가) 될 때까지 기다리기
　　　　　　　　　⟶ 답장을 입력하고 엔터 키를 누를 때까지 기다려요.
　3 부터 6 사이의 무작위 수 초 기다리기
　　　　　　　　　⟶ 3초~6초 사이에 무작위 수만큼 기다려요.

⦿ 오브젝트를 클릭했을 때
만일 편지 ▼ 항목 수 = 0 (이)라면
　　　　　　　　　⟶ 물병을 클릭했을 때 '편지' 리스트에 편지가 하나도 없는지 판단해요.
　편지 내용을 입력하세요. 을(를) 묻고 대답 기다리기 ?
　대답 항목을 편지 ▼ 에 추가하기 ?
　　　　　　　　　⟶ 편지가 하나도 없으면 편지 내용을 입력받고 '편지' 리스트에 입력받은 내용을 추가해요.
아니면
　　　　　　　　　⟶ 편지가 하나라도 있으면 '번호' 변수에 1부터 '편지' 리스트의 항목 수 사이의 무작위 수를 넣어요.
　번호 ▼ 를 1 부터 편지 ▼ 항목 수 사이의 무작위 수 (으)로 정하기
　보여주기 신호 보내기
　　　　　　　　　⟶ '보여주기' 신호를 글상자로 보내요.
　여성 ▼ 목소리를 보통 ▼ 속도 보통 ▼ 음높이로 설정하기
　　　　　　　　　⟶ 편지 내용을 읽어 주기 위해 목소리를 설정해요.
　편지 ▼ 의 번호 값 번째 항목 읽어주고 기다리기
　　　　　　　　　⟶ '편지' 리스트의 '번호' 번째 항목을 읽어 줘요.
　답장 내용을 입력하세요. 을(를) 묻고 대답 기다리기 ?
　대답 항목을 편지 ▼ 에 추가하기 ?
　　　　　　　　　⟶ 편지를 다 읽으면 답장 내용을 입력받고 '편지' 리스트에 추가해요.

내용

▶ 시작하기 버튼을 클릭했을 때

모양 숨기기 ⏳ ·········○ 글상자는 처음에 숨겨요.

⏳ 보여주기 ▼ 신호를 받았을 때

모양 보이기 ⏳

편지 ▼ 의 번호 ▼ 값 번째 항목 라고 글쓰기 ⟅가⟆ ········○ '보여주기' 신호를 받으면 모양을 보이게 하고 '편지'
리스트의 '번호' 번째 항목을 글상자로 써요.

TIP ☝

'편지' 리스트는 **속성 탭-리스트-리스트 추가하기**에서 만들 때
실시간 리스트로 사용을 클릭합니다.

WHY 💡

편지를 읽어 줄 때 왜 ⟅엔트리 읽어주기 ◐⟆ 블록 대신 ⟅엔트리 읽어주고 기다리기 ◐⟆ 블록
을 사용하나요?

⟅엔트리 읽어주기 ◐⟆ 블록은 읽기를 시작하자마자 다음 블록을 실행합니다.

⟅엔트리 읽어주고 기다리기 ◐⟆ 블록은 읽기를 모두 마쳐야 다음 블록으로 넘어갑니다. 이 작품에서
는 편지 내용을 다 읽은 후에 답장을 입력받도록 읽어 주도록 ⟅엔트리 읽어주고 기다리기 ◐⟆ 블록을
사용했습니다.

더 나아가기

1. 편지를 쓴 사람이 누군지도 입력받고 편지를 쓴 사람을 말해 주게 해 보세요.
2. 컨트롤 키를 누르면 지금까지 쓴 편지들이 모두 삭제되게 해 보세요.

수학/
과학편

47. 아날로그 시계

>>>>>> **작품 설명**
현재 시간을 아날로그 시계로 보여 주는 작품입니다.

조작법

- 시작하기를 클릭하면 작품이 실행됩니다.

작품 미리보기

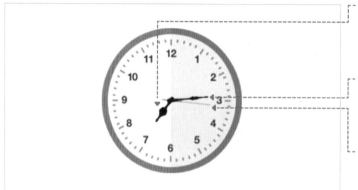

1단계
현재 시를 가리키고 조금씩 회전합니다.

2단계
현재 분을 가리키고 조금씩 회전합니다.

3단계
현재 초를 가리키고 조금씩 회전합니다.

프로그래밍 개념

순차 반복
산술연산

엔트리 기능

속성값 회전하기

작품 주소

bit.ly/entrybook47

오브젝트 살펴보기

이름	시계 바늘(시침)	시계 바늘(분침)	시계 바늘(초침)	시계판
카테고리	물건	물건	물건	물건
x	0	0	0	0
y	0	0	0	0
크기	150	150	150	200

코드 이해하기

시계 바늘(시침)

현재 '시'에 맞게
시침의 방향을
정해요.

시계 바늘(분침)

1분당 6도를 회전하기 때문에
현재 '분'에 6을 곱해서
분침의 방향을 정해요.

시계 바늘(초침)

1초당 6도를 회전하기 때문에
현재 '초'에 6을 곱해서
초침의 방향을 정해요.

TIP (10 + 10) 블록에 (10 × 10) 블록을 하나씩 넣어서 코드를 작성해 보세요.

WHY

시침의 방향은 현재 (현재 시각(시) ▼) 30을 곱한 값이 아닌가요?

시는 12가지 경우가 있기 때문에 360도를 12로 나누면 30이라는 값이 나옵니다. 즉, 아날로그 시계에서 1시간의 각도는 30도입니다. 이 값을 현재 '시'에 곱하면 현재 시침의 방향을 구할 수 있다고 생각할 수 있습니다. 하지만 오후 1시와, 오후 1시 55분일 때의 시침의 방향이 다른 것처럼 시침은 분침의 값에도 영향을 받습니다. 이를 계산해 보면 60분 동안 시침은 천천히 30도를 회전하게 됩니다. 즉, 시침의 방향은 현재 '시'에 30을 곱한 후 현재 '분'에 30도/60분=0.5를 곱한 값만큼 더 바뀌어야 자연스럽게 움직이게 됩니다.

더 나아가기

1. 선택 버튼을 추가하고 클릭하면 현재 시, 분, 초를 입력받고 그 시간만 보여 주게 해 보세요.
2. 글상자를 추가하고 현재 시, 분, 초를 숫자로 보여 주게 해 보세요.

48. 정다각형 그리기

>>>>> **작품 설명**
키보드 숫자 키를 누르면 다각형을 그리는 작품입니다.

조작법
- 숫자를 3, 4키를 누르면 각각 삼각형, 사각형을 그립니다.

작품 미리보기

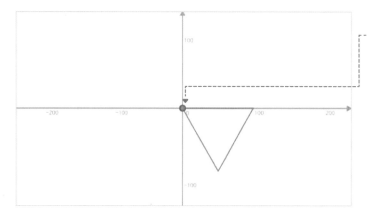

1단계
숫자 3키를 누르면 삼각형을
그립니다.

2단계
숫자 4키를 누르면 사각형을
그립니다.

프로그래밍 개념	엔트리 기능	작품 주소

프로그래밍 개념
순차 반복
이벤트

엔트리 기능
그리기 이동하기
회전하기

작품 주소
bit.ly/entrybook48

오브젝트 살펴보기

이름	동그란 버튼	모눈종이
카테고리	인터페이스	배경
x	0	0
y	0	0
크기	30	375

코드 이해하기

동그란 버튼

3 ▾ 키를 눌렀을 때	숫자 3키를 누르면 아래 블록이 실행돼요.
모든 붓 지우기	여러 번 그릴 때를 생각해서 처음에는 이전에 그린 모든 다각형을 지우고 그리기를 시작해요.
그리기 시작하기	
3 번 반복하기	세 변을 그리기 위해 3번 반복해요.
이동 방향으로 100 만큼 움직이기	한 변을 그려요.
방향을 120˚ 만큼 회전하기	120도씩 회전해요.

4 ▾ 키를 눌렀을 때	숫자 4키를 누르면 아래 블록이 실행돼요.
모든 붓 지우기	여러 번 그릴 때를 생각해서 처음에는 이전에 그린 모든 다각형을 지우고 그리기를 시작해요.
그리기 시작하기	
4 번 반복하기	네 변을 그리기 위해 4번 반복해요.
이동 방향으로 100 만큼 움직이기	한 변을 그려요.
방향을 90˚ 만큼 회전하기	90도씩 회전해요.

TIP

정n각형을 그리기 위해서는 `10 번 반복하기` 와 방향을 `방향을 90˚ 만큼 회전하기` 를 수정하면 됩니다.

WHY

왜 삼각형을 그릴 때 60도를 회전하는 것이 아니라 120도를 회전하나요?

정삼각형의 한 내각의 크기인 60도만큼 회전하면 아래 그림과 같이 5시 방향으로 회전하게 됩니다. 정다각형을 그리기 위해서는 정다각형의 한 외각의 크기만큼 회전해야 합니다. 정다각형의 한 외각은 (360/변의 개수)로 구할 수 있습니다. 삼각형은 (360/3)=120이 한 외각이기 때문에 120도만큼 회전하면 정삼각형을 제대로 그릴 수 있습니다.

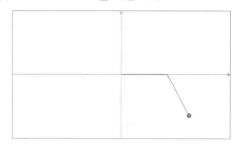

더 나아가기

1. 숫자 5키를 누르면 정오각형을 그리게 해 보세요.
2. 숫자를 입력받고 그 숫자에 해당되는 정다각형을 그리게 해 보세요.

49. 초시계

>>>>> **작품 설명**
버튼을 클릭하면 몇 초가 지났는지 알려주는 작품입니다.

조작법

- 시작 버튼과 정지 버튼을 클릭하면 실행됩니다.

작품 미리보기

1단계
시작 버튼을 클릭하면 초시계가 시작됩니다.

2단계
몇 분 몇 초가 지났는지 알려줍니다.

3단계
정지 버튼을 클릭하면 초시계가 정지됩니다.

프로그래밍 개념

순차 반복
이벤트 산술연산

엔트리 기능

초시계 문자열
속성값 글상자

작품 주소

bit.ly/entrybook49

오브젝트 살펴보기

이름	시작 버튼	정지 버튼	초	분
카테고리	인터페이스	인터페이스	글상자	글상자
x	-50	50	65	-60
y	-95	-95	20	20
크기	70	70	50	50

코드 이해하기

시작 버튼

클릭하면 초시계 창을 숨기고 초시계를 시작해요.

가

초

초시계 값의 소수점 버림값을 60으로 나눈 나머지를 구해서 몇 초가 지났는지 글상자로 나타내요.

가

분

초시계 값을 60으로 나눈 몫을 구해서 몇 분이 지났는지 글상자로 나타내요.

정지 버튼

클릭하면 초시계를 정지해요.

TIP 👆

 블록을 사용하면 두 값을 이어 붙여서 사용할 수 있습니다.

WHY 💡

초를 나타낼 때 왜 소수점 버림값을 사용하나요?

엔트리에서 제공되는 초시계는 1초 이하의 시간도 소수점으로 표시가 됩니다. 이 작품에서는 소수점은 빼고 1초 단위로 표시하기 위해서 초시계 값에서 소수점을 버린 값을 60으로 나눈 나머지로 초를 계산했습니다.

초시계 4.7

소수점도 표시되는 초시계

더 나아가기

1. 버튼을 하나 더 추가하고 버튼을 클릭하면 초시계가 초기화되게 해 보세요.
2. 분, 초 뿐만 아니라 몇 시간이 지났는지 알려주게 해 보세요.

50. 계산기

>>>>> **작품 설명**
사칙연산 계산을 해 주는 계산기입니다.

조작법

- 사칙연산 기호를 클릭하면 두 숫자를 묻고 계산을 해 줍니다.

작품 미리보기

1단계
첫 번째 수를 입력받습니다.

2단계
두 번째 수를 입력받습니다.

3단계
해당되는 사칙연산을 하고 결과값을 말합니다.

프로그래밍 개념

순차　변수
이벤트　입출력
산술연산

엔트리 기능

말하기

작품 주소

bit.ly/entrybook50

오브젝트 살펴보기

이름	빼기	더하기	나누기	곱하기
카테고리	인터페이스	인터페이스	인터페이스	인터페이스
x	100	-50	-50	100
y	-70	50	-70	50
크기	100	100	100	100

코드 이해하기

빼기

더하기

나누기

곱하기

• 모든
오브젝트가
코드 구조는
동일하지만
첫 번째 수와
두 번째 수를
연산하는
부분만 다릅
니다.

오브젝트를 클릭했을 때

첫 번째 수를 입력하세요. 을(를) 묻고 대답 기다리기 ······ 오브젝트를 클릭하면 연산할 첫 번째 수를 물어봐요.

첫 번째 수 ▼ 를 대답 (으)로 정하기 ······ 입력받은 값을 '첫 번째 수' 변수에 저장해요.

두 번째 수를 입력하세요. 을(를) 묻고 대답 기다리기 ······ 연산할 두 번째 수를 물어봐요.

두 번째 수 ▼ 를 대답 (으)로 정하기 ······ 입력받은 값을 '두 번째 수' 변수에 저장해요.

결과 ▼ 를 (첫 번째 수 ▼ 값 + 두 번째 수 ▼ 값) (으)로 정하기 ······ '결과' 변수에 두 수를 연산해요.

결과 ▼ 값 을(를) 2 초 동안 말하기 ▼ ······ 결과 값을 말해요.

TIP 👆

변수는 **속성 탭-변수-변수 추가하기**에서 추가할 수 있습니다.

블록 모양 소리 **속성** 테이블

전체 (?) 변수   (✖) 신호

(目) 리스트   (✎) 함수

변수 추가하기

WHY 💡

첫 번째 수와 두 번째 수를 입력할 때 왜 대답 값을 저장하나요?

'묻고 대답 기다리기' 블록을 실행하면 실행화면에 입력 창이 뜹니다. 사용자가 입력한 값은 대답 에 저장됩니다. 만약에 사용자가 '10'을 입력했으면 대답 에 '10'이 저장됩니다. 하지만 대답 값은 안녕! 을(를) 묻고 대답 기다리기 블록을 여러 번 사용하면 사용자가 입력할 때마다 그 값이 바뀌기 때문에 기억이 필요한 값이라면 변수에 그 값을 저장해서 사용해야 합니다.

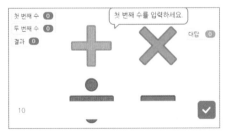

'묻고 대답 기다리기' 블록을 실행하면 입력 창이 뜨는 모습   10을 입력하면 '대답'에 10이 저장된 모습

 더 나아가기

1. 두 수를 입력받으면 첫 번째 수를 두 번째 수로 나눈 몫과 나머지를 말하게 해 보세요.

2. 두 수를 입력받고 어떤 연산을 할지 입력받은 후 결과 값을 말하게 해 보세요.

51. 생일을 맞히는 수학 마술

계산한 숫자를 입력하면 생일을 알려주는 작품입니다.

조작법

- 계산한 값을 입력합니다.

작품 미리보기

1단계
특정한 계산을 하라고 합니다.

3단계
생일을 말해 줍니다.

2단계
계산한 값을 입력받습니다.

프로그래밍 개념

순차 선택
변수 입출력
산술연산 비교연산

엔트리 기능

말하기 문자열

작품 주소

bit.ly/entrybook51

오브젝트 살펴보기

이름	꼬마 마법사	과자나라 풍경
카테고리	판타지	배경
x	-40	0
y	-70	0
크기	100	375

코드 이해하기

꼬마 마법사

시작하기 버튼을 클릭했을 때

대답 숨기기 ▼

변수 생일 ▼ 숨기기

너의 생일을 맞혀볼게! 을(를) 1 초 동안 말하기 ▼ ···· 각종 변수 창과 대답 창을 숨겨요.

태어난 달에 100을 곱해봐! 을(를) 1 초 동안 말하기 ▼

곱한 수에 50을 더해봐 을(를) 1 초 동안 말하기 ▼ ···· 생일에서 특정한 계산을 하라고 말해요.

태어난 날짜를 더해봐 을(를) 1 초 동안 말하기 ▼

계산한 값을 입력해 을(를) 묻고 대답 기다리기 ···· 계산한 값을 입력받아요.

생일 ▼ 를 대답 - 50 (으)로 정하기 ···· 입력한 값(대답)에서 50을 뺀 값을 '생일' 변수에 넣어요.

만일 생일 ▼ 값 의 글자 수 = 3 (이)라면 ···· '생일' 변수의 글자 수가 3자리인지 아닌지(4자리인지) 판단해요.

생일 ▼ 값 의 1 번째 글자 과(와) 월 을 합치기 을(를) 1 초 동안 말하기 ▼

생일 ▼ 값 의 2 번째 글자부터 3 번째 글자까지의 글자 과(와) 일 을 합치기 을(를) 1 초 동안 말하기 ▼

아니면

생일 ▼ 값 의 1 번째 글자부터 2 번째 글자까지의 글자 과(와) 월 을 합치기 을(를) 1 초 동안 말하기 ▼

생일 ▼ 값 의 3 번째 글자부터 4 번째 글자까지의 글자 과(와) 일 을 합치기 을(를) 1 초 동안 말하기 ▼

···· 3자리 수면 '생일' 변수의 첫 번째 글자를 '월'로 말하고,
두 번째에서 세 번째 글자를 '일'로 말해요.

···· 4자리 수면 '생일' 변수의 첫 번째에서 두 번째 글자를
'월'로 말하고, 세 번째에서 네 번째 글자를 '일'로 말해요.

TIP 👆

안녕 엔트리! 의 2 번째 글자부터 5 번째 글자까지의 글자 는 입력받은 값에서 특정한 범위의 글자 값을 보여 줍니다.

WHY 💡

왜 변수를 계산한 값에서 50을 빼면 생일이 나오나요?

생일의 '월'은 1에서 12가 될 수 있습니다. 여기에 100을 곱하면 100, 200, 300 … 1200이 나옵니다. 여기에 50을 더하면 150, 250, 350 … 1250이 나옵니다. 이 상태에서 태어난 날짜인 '일'은 1에서 31이 될 수 있습니다. 여기에 태어난 날짜를 더하면 (150+날짜), (250+날짜) … (1250+날짜)가 됩니다. 이렇게 계산된 값에서 50을 빼게 되면 (100+날짜), (200+날짜) … (1200+날짜)가 됩니다. 이 값이 3자리 수라면 첫 번째 글자는 월이 되고, 두 번째에서 세 번째 글자는 일이 됩니다. 이 값이 4자리 수라면 첫 번째에서 두 번째 글자는 월이 되고, 세 번째에서 네 번째 글자는 일이 됩니다. 처음에 50을 더한 이유는 생일이 바로 드러나지 않게 하기 위해서이며, 마지막에 계산한 값에서 50을 뺀 이유는 필요 없는 값을 빼서 생일을 구하기 위해서입니다.

 더 나아가기

1. 생일이 아닌 좋아하는 2개의 숫자를 맞히게 해 보세요.
2. 입력받은 값을 문자 블록을 통해 분석하고 계산이 잘못된 경우 다시 입력받게 해 보세요.

52. 다각형 넓이 구하기

>>>>> **작품 설명**
삼각형과 사각형의 넓이를 구해 주는 작품입니다.

조작법

• 어떤 다각형인지 입력하고 길이를 입력하면 넓이를 구해 줍니다.

작품 미리보기

어떤 다각형인지 입력하세요(삼각형, 사각형

1단계
어떤 다각형의 넓이를 계산할지 묻습니다.

4단계
넓이를 말해 줍니다.

2단계
삼각형을 입력하면 밑변과 높이를 묻습니다.

3단계
사각형을 입력하면 가로와 세로 길이를 묻습니다.

프로그래밍 개념

순차 선택
변수 입출력
산술연산 비교연산

엔트리 기능

말하기

작품 주소

bit.ly/entrybook52

오브젝트 살펴보기

이름	공부하는 엔트리봇	실내체육관
카테고리	엔트리봇 친구들	배경
x	-80	0
y	-45	0
크기	180	375

코드 이해하기

공부하는
엔트리봇

시작하기 버튼을 클릭했을 때

변수 첫 번째 값 ▼ 숨기기

변수 두 번째 값 ▼ 숨기기 ⎤ — 각종 변수 창과 대답 창을 숨겨요.

대답 숨기기 ▼ ⎦

다각형 넓이를 구해드립니다! 을(를) 2 초 동안 말하기 ▼ — 다각형의 넓이를 구해 주겠다고 말해요.

어떤 다각형인지 입력하세요(삼각형, 사각형) 을(를) 묻고 대답 기다리기 — 어떤 다각형 넓이를 구할지 물어봐요.

만일 대답 = 삼각형 (이)라면 — '삼각형'을 입력하면 밑변의 길이를 물어봐요.

　밑변의 길이를 입력하세요 을(를) 묻고 대답 기다리기 — 입력받은 값을 '첫 번째 값' 변수에 저장해요.

　첫 번째 값 ▼ 를 대답 (으)로 정하기 ⎤ — 입력받은 값을 '첫 번째 값' 변수에 저장해요.

　높이를 입력하세요 을(를) 묻고 대답 기다리기 — 높이를 입력받고 '두 번째 값' 변수에 저장해요.

　두 번째 값 ▼ 를 대답 (으)로 정하기

　첫 번째 값 ▼ 값 x 두 번째 값 ▼ 값 / 2 을(를) 말하기 ▼ — '첫 번째 값'과 '두 번째 값'을 곱한 후 2를 나눠서 삼각형의 넓이를 구하고 말해요.

만일 대답 = 사각형 (이)라면 — '사각형'을 입력하면 가로 길이를 물어봐요.

　가로 길이를 입력하세요 을(를) 묻고 대답 기다리기 — 입력받은 값을 '첫 번째 값' 변수에 저장해요.

　첫 번째 값 ▼ 를 대답 (으)로 정하기

　세로 길이를 입력하세요 을(를) 묻고 대답 기다리기 — 세로 길이를 입력받고 '두 번째 값' 변수에 저장해요.

　두 번째 값 ▼ 를 대답 (으)로 정하기

　첫 번째 값 ▼ 값 x 두 번째 값 ▼ 값 을(를) 말하기 ▼ — '첫 번째 값'과 '두 번째 값'을 곱해서 사각형의 넓이를 구하고 말해요.

TIP ☝

(10 x 10) / 10 블록은 10 / 10 블록에 10 x 10 블록을 넣어서 만들 수 있습니다.

WHY 💡 '삼각형'이나 '사각형'을 입력할 때 왜 대답 값을 저장하나요?

'묻고 대답 기다리기' 블록을 실행하면 실행화면에 입력 창이 뜹니다. 사용자가 입력한 값은 대답 에 저장이 됩니다. 만약에 사용자가 '10'을 입력했으면 대답 에 '10'이 저장됩니다. 하지만 대답 값은 '묻고 대답 기다리기' 블록을 여러 번 사용하면 사용자가 입력할 때마다 그 값이 바뀌기 때문에 기억이 필요한 값이라면 변수에 그 값을 저장해서 사용해야 합니다.

더 나아가기

1. '마름모', '평행사변형'을 입력하면 각각의 넓이를 구해서 말하게 해 보세요.
2. 한 번 계산하고 끝나는 것이 아니라 계속해서 다각형을 묻고 넓이를 구하게 해 보세요.

53. 그림 그래프 그리기

>>>>>
작품 설명

숫자를 입력하면 그림 그래프를 그려 주는 작품입니다.

조작법

• 각 반을 클릭하고 인원을 입력합니다.

작품 미리보기

1단계
클릭하면 학생 수를
입력받습니다.

2단계
10명과 1명 단위로 그림
그래프를 그려 줍니다.

프로그래밍 개념

순차 반복
이벤트 입출력
산술연산

엔트리 기능

모양 크기
좌표 속성값 글상자
이동하기 도장찍기

작품 주소

bit.ly/entrybook53

오브젝트 살펴보기

이름	얼굴(남)	1반	2반	그림 그래프 그리기
카테고리	사람	글상자	글상자	글상자
x	0	-200	-200	0
y	0	45	-55	105
크기	30	40	40	150

 코드 이해하기

가 1반

> 오브젝트를 클릭했을 때
> 반 학생 수를 입력하세요. 을(를) 묻고 대답 기다리기
> 1반 이동하기 ▼ 신호 보내기
> 그리기 ▼ 신호 보내기

····· 클릭하면 학생 수를 입력받아요.
····· '1반 이동하기' 신호를 보내요.
····· '그리기' 신호를 보내요.

가 2반

> 오브젝트를 클릭했을 때
> 반 학생 수를 입력하세요. 을(를) 묻고 대답 기다리기
> 2반 이동하기 ▼ 신호 보내기
> 그리기 ▼ 신호 보내기

····· 클릭하면 학생 수를 입력받아요.
····· '2반 이동하기' 신호를 보내요.
····· '그리기' 신호를 보내요.

얼굴(남)

> 시작하기 버튼을 클릭했을 때
> 대답 숨기기 ▼
> 모양 숨기기

····· 대답 창을 숨기고 오브젝트 모양을 숨겨요.

> 1반 이동하기 ▼ 신호를 받았을 때
> x: 1반 ▼ 의 x좌푯값 ▼ + 50 y: 1반 ▼ 의 y좌푯값 ▼ 위치로 이동하기

'1반 이동하기' 신호를 받으면 글상자 1반 위치의 오른쪽으로 이동해요.

> 2반 이동하기 ▼ 신호를 받았을 때
> x: 2반 ▼ 의 x좌푯값 ▼ + 50 y: 2반 ▼ 의 y좌푯값 ▼ 위치로 이동하기

'2반 이동하기' 신호를 받으면 글상자 2반 위치의 오른쪽으로 이동해요.

그리기 ▼ 신호를 받았을 때

모양 보이기

크기를 30 (으)로 정하기

대답 / 10 의 몫 ▼ 번 반복하기

도장 찍기

x 좌표를 30 만큼 바꾸기

크기를 20 (으)로 정하기

대답 / 10 의 나머지 ▼ 번 반복하기

도장 찍기

x 좌표를 20 만큼 바꾸기

모양 숨기기

'그리기' 신호를 받으면 얼굴 모양이 보이게 하고 크기를 30으로 정해요.

입력받은 수(대답)를 10으로 나눈 몫만큼 반복해서 도장을 찍고 오른쪽으로 이동해요.

크기를 20으로 더 작게 만들어요.

입력받은 수(대답)를 10으로 나눈 나머지만큼 반복해서 도장을 찍고 오른쪽으로 이동해요.

원본 얼굴 모양을 숨겨요.

TIP 🖐
신호는 **속성 탭-신호-신호 추가하기**에서 만들 수 있습니다.

WHY 💡

도장을 찍을 때 왜 몫과 나머지를 사용하나요?

이 작품에서는 10명과 1명 단위로 그림 그래프를 그려야 합니다. 만약 42명을 입력받으면 10명 단위로 4개의 큰 얼굴이 찍히고, 작은 얼굴은 2개가 찍혀야 합니다. 42를 10으로 나눈 몫은 4가 되고, 나머지는 2가 되는 것처럼 10으로 나눈 몫은 10의 단위가 되고, 10으로 나눈 나머지는 1의 단위가 됩니다.

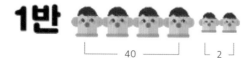

더 나아가기

1. 10의 단위와 1의 단위 얼굴 색이 다른 색으로 나오게 해 보세요.
2. 학교 전체 학생 수를 입력받고 100명, 10명, 1명 단위로 그림 그래프를 그려 주게 해 보세요.

54. 일차함수 그래프 그리기

>>>>> **작품 설명**
일차함수 그래프를 그려 주는 작품입니다.

조작법
• 마우스로 변수 값을 바꾸면 거기에 맞는 일차함수를 그려 줍니다.

작품 미리보기

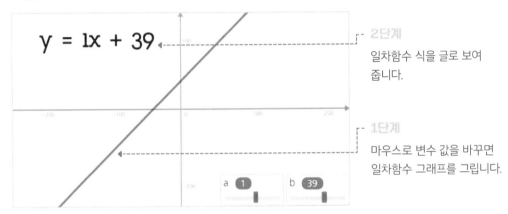

2단계
일차함수 식을 글로 보여
줍니다.

1단계
마우스로 변수 값을 바꾸면
일차함수 그래프를 그립니다.

프로그래밍 개념

순차 · 반복 · 변수 · 산술연산

엔트리 기능

모양 · 좌표 · 그리기 · 문자열 · 글상자 · 이동하기

작품 주소

bit.ly/entrybook54

오브젝트 살펴보기

이름	결과 확인 버튼	수식	모눈종이
카테고리	인터페이스	글상자	배경
x	0	-200	0
y	0	90	0
크기	100	50	375

코드 이해하기

가
수식

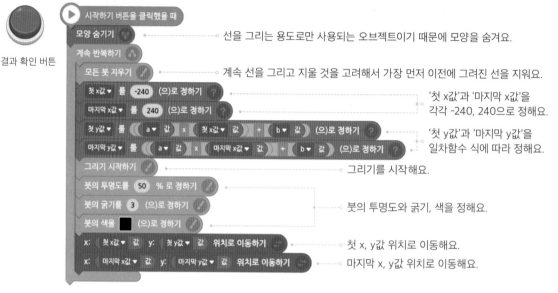

시작하기 버튼을 클릭했을 때
계속 반복하기
y= 과(와) a ▼ 값 과(와) x+ 과(와) b ▼ 값 를 합치기 를 합치기 를 합치기 라고 글쓰기

.... 'a', 'b' 변수 값을 활용하여 y=ax+b 형태로 글을 쓰도록 해요.

결과 확인 버튼

시작하기 버튼을 클릭했을 때
모양 숨기기 .... 선을 그리는 용도로만 사용되는 오브젝트이기 때문에 모양을 숨겨요.
계속 반복하기
모든 붓 지우기 .... 계속 선을 그리고 지울 것을 고려해서 가장 먼저 이전에 그려진 선을 지워요.
첫 x값 ▼ 를 -240 (으)로 정하기 .... '첫 x값'과 '마지막 x값'을
마지막 x값 ▼ 를 240 (으)로 정하기 .... 각각 -240, 240으로 정해요.
첫 y값 ▼ 를 (a ▼ 값 x 첫 x값 ▼ 값) + (b ▼ 값) (으)로 정하기 .... '첫 y값'과 '마지막 y값'을
마지막 y값 ▼ 를 (a ▼ 값 x 마지막 x값 ▼ 값) + (b ▼ 값) (으)로 정하기 .... 일차함수 식에 따라 정해요.
그리기 시작하기 .... 그리기를 시작해요.
붓의 투명도를 50 % 로 정하기
붓의 굵기를 3 (으)로 정하기 .... 붓의 투명도와 굵기, 색을 정해요.
붓의 색을 ■ (으)로 정하기
x: 첫 x값 ▼ 값 y: 첫 y값 ▼ 값 위치로 이동하기 .... 첫 x, y값 위치로 이동해요.
x: 마지막 x값 ▼ 값 y: 마지막 y값 ▼ 값 위치로 이동하기 .... 마지막 x, y값 위치로 이동해요.

TIP

'a', 'b' 변수를 만든 후 **속성 탭**에서 '슬라이드'를 클릭해 주세요. 'a'의 기본값은 1, 슬라이드 범위 값은 -10에서 10으로 설정해 주세요. 'b'의 기본값은 0, 슬라이드 범위 값은 -200에서 200으로 설정해 주세요.

WHY

왜 '첫 x값'과 '마지막 x값'을 각각 -240, 240으로 설정하나요?

엔트리의 실행화면에서 x좌표의 범위가 -240~240이기 때문입니다. 이 작품에서는 일차함수를 그리기 위해서 실행화면의 가장 왼쪽과 오른쪽에 x,y 점을 찍고 두 점을 연결하는 방법으로 그래프를 그렸습니다.

더 나아가기
1. 선의 굵기와 투명도를 바꾸는 기능을 추가해 보세요.
2. 이차함수 그래프를 그리도록 수정해 보세요.

55. 택시요금 계산기

>>>>> **작품 설명**
거리를 입력하면 택시요금을 계산해 주는 계산기입니다.

조작법
- 이동거리를 입력하면 택시요금을 계산해 줍니다.

작품 미리보기

이동거리를 입력하세요(m 단위로 입력)

2단계
택시요금을 계산하고 말해 줍니다.

1단계
이동거리를 입력받습니다.

프로그래밍 개념
순차　선택
변수　입출력
산술연산　비교연산

엔트리 기능
말하기　문자열

작품 주소
bit.ly/entrybook55

오브젝트 살펴보기

이름	택시	길거리
카테고리	탈것	배경
x	175	0
y	-55	0
크기	100	375

코드 이해하기

택시

시작하기 버튼을 클릭했을 때

변수 기본요금 ▼ 숨기기 ?
변수 이동거리 ▼ 숨기기 ?
변수 추가요금 ▼ 숨기기 ?
변수 택시요금 ▼ 숨기기 ?
대답 숨기기 ▼ ?
기본요금 ▼ 를 3800 (으)로 정하기 ?
이동거리를 입력하세요(m 단위로 입력) 을(를) 묻고 대답 기다리기 ?
이동거리 ▼ 를 대답 (으)로 정하기 ?
만일 이동거리 ▼ 값 ≤ 2000 (이)라면 △
택시요금 ▼ 를 기본요금 ▼ 값 (으)로 정하기 ?
아니면
추가요금 ▼ 를 ((이동거리 ▼ 값 - 2000) / 132 의 몫 ▼) x 100 (으)로 정하기 ?
택시요금 ▼ 를 기본요금 ▼ 값 + 추가요금 ▼ 값 (으)로 정하기 ?
요금은 과(와) 택시요금 ▼ 값 과(와) 원 입니다. 를 합치기 를 합치기 을(를) 말하기 ▼

··· 각종 변수 창과 대답 창을 숨겨요.

··· '기본요금' 변수의 값을 3800으로 정해요.
··· 이동거리를 미터 단위로 입력받아요.
··· 입력받은 거리를 '이동거리' 변수에 저장해요.
··· 이동거리가 2000m와 같거나 짧으면 '택시요금'을 '기본요금'으로 정해요.

이동거리가 2000m보다 길면 추가요금을 계산해요.
'택시요금'을 '기본요금'과 '추가요금'을 더한 값으로 정해요.
택시요금을 말해 줘요.

TIP 택시요금은 2km까지는 기본요금(지역마다 다름)을 받고 2km가 넘어가면 m당 요금을 추가로 받습니다. 서울은 132m당 100원이 추가됩니다. 정확하게 계산하려면 시간 요금(15km 이하의 속도로 주행 시 추가되는 요금)이 있지만 이 작품에서는 제외했습니다.

WHY **이동거리가 2000m를 넘어가면 왜 추가요금에** 10 / 10 의 몫 ▼ **블록을 사용하나요?**
택시요금은 2000m를 넘어가면 132m당 100원의 추가요금이 발생합니다(서울 기준). 따라서 입력받은 '이동거리'에서 2000을 빼면 추가요금이 발생하는 전체 거리가 나옵니다. 이 값을 132로 나눈 다음 100을 곱하면 추가요금을 계산할 수 있지만 그냥 이 계산식을 사용하면 복잡한 소수점이 나오기 때문에 '몫'만 가지고 계산해서 결과값이 100원 단위로 나올 수 있게 했습니다.

더 나아가기
1. 다른 도시의 택시요금 기준을 찾아서 수정해 보세요.
2. 가지고 있는 돈을 입력하면 이동 가능한 거리를 말해 주게 해 보세요.

56. 빛 반사 시뮬레이션

> **작품 설명**
> 빛이 거울을 만나면 어떻게 반사되는지 보여 주는 시뮬레이션입니다.

조작법

- 오른쪽 왼쪽 화살표 키로 빛의 방향을 정합니다.
- 스페이스 키로 빛을 쏩니다.

작품 미리보기

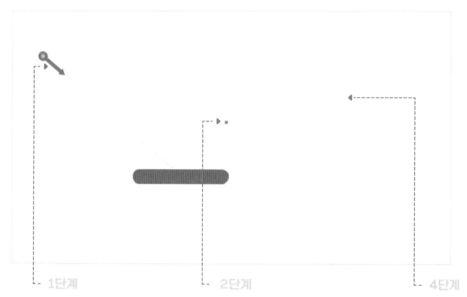

1단계
오른쪽/왼쪽 화살표 키를
누르면 방향이
오른쪽/왼쪽으로 바뀝니다.

2단계
스페이스 키를 누르면 빛이 설정한
방향으로 직진합니다.

3단계
거울(판)에 닿으면 빛이 반사됩니다.

4단계
벽에 닿으면
빛이 멈춥니다.

프로그래밍 개념

순차   선택
반복   이벤트
산술연산

엔트리 기능

모양   속성값
그리기   이동하기
회전하기

작품 주소

bit.ly/entrybook56

오브젝트 살펴보기

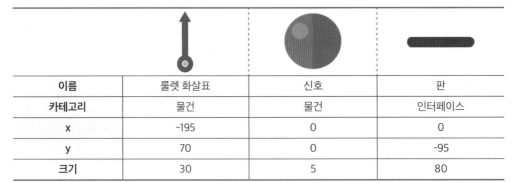

이름	룰렛 화살표	신호	판
카테고리	물건	물건	인터페이스
x	-195	0	0
y	70	0	-95
크기	30	5	80

코드 이해하기

룰렛 화살표

○ 오른쪽 화살표 키를 누르면 룰렛의 방향을 오른쪽으로 바꿔요.

○ 왼쪽 화살표 키를 누르면 룰렛의 방향을 왼쪽으로 바꿔요.

○ 스페이스 키를 누르면 '발사' 신호를 보내요.

신호

○ 시작하면 모양을 숨겨요.

○ '발사' 신호를 받으면 이전에 그렸던 선을 지워요.

○ 선의 색깔을 노란색으로 정해요.
○ 룰렛 화살표 위치로 이동해요.

이동 방향, 방향을 룰렛 화살표의
이동 방향, 방향과 동일하게 만들어요.

○ 모양을 보이게 하고 그리기를 시작해요.

○ 계속 정해진 방향으로 이동해요.

거울(판)에 닿으면 방향을 바꿔서 빛이
반사하는 것처럼 보이게 해요.

벽에 닿으면 그리기를 멈추고 반복을
중단해요.

TIP 👆

룰렛 화살표의 이동 방향을 0으로 설정해서 방향과
이동 방향이 같아지게 해 주세요.

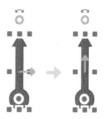

WHY 💡

왜 180도에서 자신의 방향 각도를 빼면 빛이 반사되는 것처럼 보이나요?

빛은 거울에 닿았을 때 반사됩니다. 이때 빛은 들어오는 입사각과 나가는 반사각이 같습니다.
즉 입사각이 30도면 반사각도 30도가 되어야 합니다. 입사각이 30도가 되려면 아래 그림과
같이 룰렛의 방향 각도는 150도가 되어야 합니다. 반사각이 30도가 되려면 룰렛의 방향은
30도가 되어야 합니다. 처음 방향 각도가 150도였고 반사가 되었을 때의 방향 각도는 30도
였습니다. 이를 일반화하면 '(180-자신의 방향 각도)=반사 방향 각도'가 됩니다.

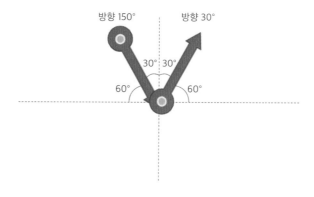

더 나아가기

1. 거울(판)을 하나 더 추가해서 다른 판에 닿을때도 빛이 반사되게 해 보세요.
2. 룰렛 화살표가 마우스포인터를 바라보게 해서 방향을 조작하고 마우스를 클릭하면 빛이
   나가도록 수정해 보세요.

57. 태양계 행성의 크기와 거리

>>>>> **작품 설명**
태양계 행성의 크기와 거리를 보여 주는 작품입니다.

조작법
- 지구를 클릭하고 드래그하여 지구와 태양의 거리를 정할 수 있습니다.
- 마우스로 변수 값을 바꿔서 지구의 크기를 변경할 수 있습니다.

작품 미리보기

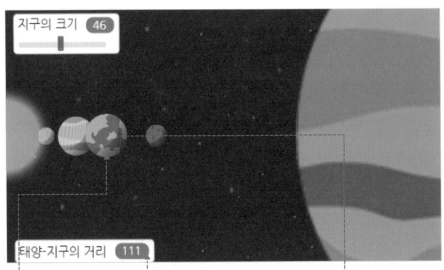

1단계
크기를 '지구의 크기' 변수 값으로 정하고 각 행성의 크기를 지구 크기에 따라 바꿉니다.

2단계
각 행성의 위치를 태양과 지구의 거리에 따라 바꿉니다.

3단계
태양과의 거리를 '태양-지구의 거리' 변수 값으로 정한 후 드래그해서 지구의 위치를 옮길 수 있습니다.

프로그래밍 개념
순차 | 반복
변수 | 이벤트
산술연산

엔트리 기능
크기 | 좌표
속성값 | 이동하기

작품 주소
bit.ly/entrybook57

오브젝트 살펴보기

이름	태양계-수성~해왕성	태양계-태양	우주(3)
카테고리	환경	환경	배경
x	0	-240	0
y	0	0	0
크기	100	100	375

코드 이해하기

태양계-
수성~해왕성

행성의 크기를 지구의 크기에
비례해서 바꿔요.

위치를 '태양-지구의 거리'
변수 값에 비례해서 바꿔요.

- 태양과 지구를 제외한 다른 오브젝트들은 '크기'에 곱하는 숫자와, '태양-지구의 거리'에 곱하는 숫자만 다르고
코드 구조는 같습니다.

오브젝트 이름	수성	금성	화성	목성	토성	천왕성	해왕성
크기 비율	0.4	0.9	0.5	11.2	9.4	4	3.9
거리 비율	0.4	0.7	1.5	5.2	9.5	19.2	30

태양계-지구

태양 오브젝트와의 거리를 '태양-
지구의 거리' 변수 값으로 정해요.

크기를 '지구의 크기' 변수 값으로
정해요.

오브젝트를 클릭했을 때 마우스를
클릭한 동안 동작해요.
마우스의 가로 위치에 따라 지구의
가로 위치를 바꿔요.

TIP 👆
- '지구의 크기' 변수는 만든 후 속성에서 '슬라이드'를 클릭하고 기본값은 30, 슬라이드 범위 값은 0에서 100으로 설정해 주세요.
- `-240` `+` `태양-지구의 거리 ▾ 값` `x` `0.4` 블록을 만들 때 사칙연산의 우선순위를 생각해야 합니다. `10` `+` `10` 을 먼저 가져오고 `10` `x` `10` 을 넣어 주세요.

WHY 💡

수성~해왕성의 거리를 구할 때 왜 x값에 −240을 더하나요?

'태양-지구의 거리'가 50이고, 해당 행성이 그 거리의 2배만큼 멀리 떨어진 곳에 있다고 해 봅시다. 그러면 (태양-지구의 거리)×2로 계산을 해서 x: 100으로 이동하기를 하면 된다고 생각할 수 있습니다. 하지만 태양은 x: −240 위치에 있습니다. 따라서 태양-지구의 거리가 50이라면 지구는 x: −190에 있게 되고, 이 행성은 x: −140에 있어야 태양-지구 거리의 2배 떨어진 곳에 제대로 위치하게 됩니다. 따라서 모든 값에 태양이 있는 위치인 x: −240만큼 더해 주어야 제대로 된 위치를 구할 수 있습니다.

더 나아가기
1. 클릭하면 각 행성을 설명하는 말을 하게 해 보세요.
2. 달을 추가하고 달은 지구 주위를 계속 돌아가게 해 보세요.

58. 기체 입자 시뮬레이션

>>>>> **작품 설명**
입자의 움직임에 따른 풍선의 크기를 살펴보는 시뮬레이션입니다.

 조작법
- 시작하기를 클릭하면 작품이 실행됩니다.

 작품 미리보기

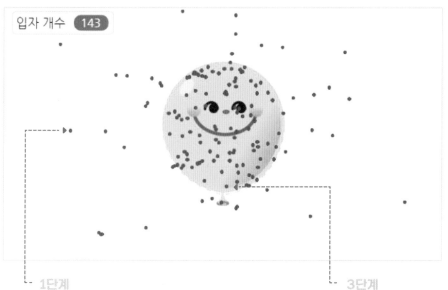

입자 개수 143

1단계
150개의 입자가 생성됩니다.

2단계
입자가 풍선 안에서 계속 움직입니다. 풍선을 빠져나간
입자는 벽에 닿아 사라집니다.

3단계
풍선 안에 있는 입자의 개
수에 따라 풍선의 크기가
달라집니다.

 프로그래밍 개념

순차 선택

반복 변수

 엔트리 기능

모양 크기

복제 이동하기

회전하기 무작위 수

 작품 주소
bit.ly/entrybook58

오브젝트 살펴보기

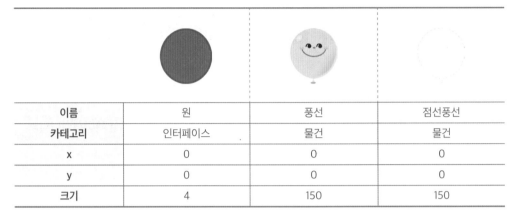

이름	원	풍선	점선풍선
카테고리	인터페이스	물건	물건
x	0	0	0
y	0	0	0
크기	4	150	150

코드 이해하기

원

시작하기 버튼을 클릭했을 때
입자 개수 를 150 (으)로 정하기 ······ '입자 개수' 변수 값을 150으로 정해요

150 번 반복하기 ······ 150개의 복제본을 만들어요.
자신▼ 의 복제본 만들기

모양 숨기기 ······ 원본은 실행화면에서 모양을 숨겨요.

복제본이 처음 생성되었을때 ······ 복제본의 이동 방향을 무작위로 정해요.
이동 방향을 0 부터 360 사이의 무작위 수 (으)로 정하기
계속 반복하기
　이동 방향으로 1 만큼 움직이기
　만일 점선풍선▼ 에 닿았는가? (이)라면 　　정해진 방향으로 계속 이동하다가 점선풍선에
　　이동 방향을 0 부터 360 사이의 무작위 수 만큼 회전하기 　　닿으면 이동 방향을 무작위로 바꿔요.

　만일 벽▼ 에 닿았는가? (이)라면
　　입자 개수▼ 에 -1 만큼 더하기 ······ 벽에 닿으면 '입자 개수' 변수 값을 1씩 줄여요.
　　이 복제본 삭제하기 ······ 복제본을 삭제해요.

풍선

시작하기 버튼을 클릭했을 때
계속 반복하기
　크기를 입자 개수▼ 값 (으)로 정하기 ······ '입자 개수' 변수 값만큼 크기를 정해요.

점선풍선

시작하기 버튼을 클릭했을 때
계속 반복하기
크기를 입자 개수▼ 값 (으)로 정하기

'입자 개수' 변수 값만큼 크기를 정해요.

TIP

풍선에 작은 공기 입자들이 운동을 하다가 시간이 지나면서 풍선의 미세한 구멍을 통해 나가기 때문에 풍선의 크기가 작아지게 됩니다.

WHY

왜 점선풍선 오브젝트를 사용하나요?

점선풍선 오브젝트는 풍선과 모양은 같지만 속은 비어 있고 테두리가 점선으로 이루어진 오브젝트입니다. 이 작품에서 점선풍선은 풍선의 미세한 구멍을 의미합니다. 입자들이 점선풍선(미세한 구멍)과 닿으면 방향을 바꾸게 해서 어떤 입자는 풍선에 계속 있지만 또 다른 입자는 풍선 밖을 나가도록 하는 역할을 합니다. 만약에 점선풍선 대신 '풍선에 닿았는가'를 기준으로 하면 모든 입자들이 '풍선'에 닿아 있기 때문에 코드가 이상하게 동작합니다. 하지만 점선풍선은 테두리만 있는 것이기 때문에 입자들이 풍선의 테두리에 닿았는지 확인하는 용도로 사용됩니다.

더 나아가기

1. 입자의 개수를 바꿔 보세요.
2. 입자가 점선풍선에 부딪혔을 때 이동 방향이 회전하는 정도를 수정해 보세요.

59. 성적 평균 계산기

>>>>> **작품 설명**
성적을 입력하면 성적 평균을 계산해 주는 작품입니다.

 조작법
- 과목의 개수와 성적을 입력합니다.

 작품 미리보기

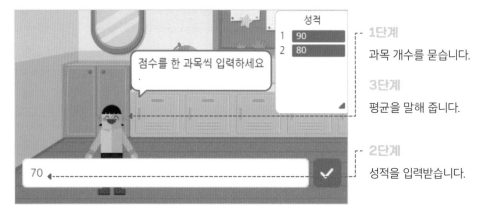

1단계
과목 개수를 묻습니다.

3단계
평균을 말해 줍니다.

2단계
성적을 입력받습니다.

 프로그래밍 개념

 순차 반복
변수 입출력 리스트
산술연산

 엔트리 기능

말하기 문자열

 작품 주소

bit.ly/entrybook59

 오브젝트 살펴보기

이름	옆집 아이	교실 뒤(1)
카테고리	사람	배경
x	-100	0
y	-60	0
크기	100	375

코드 이해하기

옆집 아이

| 시작하기 버튼을 클릭했을 때 |
| 변수 과목개수▼ 숨기기 |
| 변수 순서▼ 숨기기 |
| 변수 총점▼ 숨기기 |
| 변수 평균▼ 숨기기 |
| 대답 숨기기 |

○ 각종 변수 창과 대답 창을 숨겨요.

과목의 개수를 입력하세요. 을(를) 묻고 대답 기다리기 ····· 과목 개수를 입력받아요.

과목개수▼ 를 대답 (으)로 정하기 ····· 입력받은 값(대답)을 '과목개수' 변수 값으로 정해요.

과목개수▼ 값 번 반복하기 ····· '과목개수' 변수 값만큼 반복해요.

점수를 한 과목씩 입력하세요. 을(를) 묻고 대답 기다리기 ····· 점수를 입력받아요.

대답 항목을 성적▼ 에 추가하기 ····· 입력받은 점수(대답)을 '성적' 리스트에 추가해요.

순서▼ 를 1 (으)로 정하기 ····· '순서' 변수 값을 1로 정해요.

과목개수▼ 값 번 반복하기 ····· '과목개수' 변수 값만큼 반복해요.

총점▼ 에 성적▼ 의 순서▼ 값 번째 항목 만큼 더하기 ····· '총점' 변수에 '성적' 리스트의 '순서' 번째 항목을 더해요.

순서▼ 에 1 만큼 더하기 ····· '순서' 변수 값에 1을 더해요.

평균▼ 를 (총점▼ 값 / 과목개수▼ 값) (으)로 정하기 ····· '평균' 변수 값을 총점에서 '과목개수'로 나눠서 정해요.

성적평균: 과(와) 평균▼ 값 를 합치기 을(를) 말하기▼ ····· 평균 값을 말해요.

TIP

안녕! 과(와) 엔트리 를 합치기 블록을 사용하면 두 값을 이어 붙여서 사용할 수 있습니다.

WHY

'순서' 변수는 왜 사용하나요?

리스트를 사용하면 하나의 이름에 여러 개의 자료를 넣을 수 있습니다. 여러 개의 자료는 항목 번호로 구분이 됩니다. 처음에 추가한 항목의 번호는 1이고 두 번째로 추가한 항목의 번호는 2가 되는 것처럼 항목이 추가될 때마다 항목 번호도 1씩 증가합니다. 점수를 입력하면 '성적' 리스트에 그만큼 항목이 추가됩니다. 성적 평균은 '총점/과목개수'로 구할 수 있습니다. '총점'을 구하기 위해서는 리스트에 있는 항목을 순서대로 하나씩 가져와서 '총점' 변수에 더해야 합니다. 이때 항목을 순서대로 가져오기 위해서 '순서' 변수를 사용합니다. 순서 변수는 성적▼ 의 순서▼ 값 번째 항목 블록에 사용되고, 반복이 될 때마다 1씩 증가해서 '성적의 1번째 항목', '성적의 2번째 항목'과 같이 항목을 순서대로 가져와서 총점을 구하도록 도와주는 역할을 합니다.

더 나아가기

1. 여러 개의 성적을 입력하면 가장 높은 성적도 알려주게 해 보세요.
2. 과목 개수를 입력받지 않고 처음부터 점수만 입력받다가 '종료'를 입력하면 성적 평균이 나오게 해 보세요.

60. 공 팅기기 시뮬레이션

>>>>> **작품 설명**
공이 땅에 팅기는 현상을 구현한 시뮬레이션입니다.

 조작법
- 시작하기를 클릭하면 공이 떨어지고 땅에서 팅깁니다.
- 위쪽 화살표 키를 누르면 공이 위로 올라갑니다.

 작품 미리보기

속도 0.26
탄성 6.56

1단계
공이 땅으로
떨어집니다.

2단계
공이 팅기다가
멈춥니다.

3단계
위쪽 화살표 키를 누르면
공이 위로 올라갑니다.

 프로그래밍 개념
순차　선택
반복　변수　산술연산

 엔트리 기능
좌표　이동하기

 작품 주소
bit.ly/entrybook60

오브젝트 살펴보기

이름	축구공	운동장
카테고리	물건	배경
x	0	0
y	0	0
크기	70	375

코드 이해하기

축구공

시작하기 버튼을 클릭했을 때
'탄성▼' 를 (10) (으)로 정하기
'속도▼' 를 (0) (으)로 정하기
계속 반복하기
　y 좌표를 속도▼ 값 만큼 바꾸기
　만일 〈 아래쪽 벽▼ 에 닿았는가? 〉 (이)라면
　　탄성▼ 를 (탄성▼ 값 × 0.9) (으)로 정하기
　　속도▼ 를 탄성▼ 값 (으)로 정하기
　아니면
　　속도▼ 에 (-0.3) 만큼 더하기

'탄성' 변수 값을 10으로 정해요.

'속도' 변수 값을 0으로 정해요.

'속도' 변수 값만큼 y값이 변하게 해요.

공이 아래쪽 벽에 닿으면 '탄성' 변수 값을 자신의
원래 값에 0.9를 곱해서 점점 0과 가까워지게 해요.

'속도' 변수 값은 '탄성' 변수 값으로 정해서 점점
공이 튕기는 정도가 작아지게 해요.

공이 아래쪽 벽에 닿지 않았으면 '속도' 변수 값을 계속
-0.3만큼 바꿔서 공이 아래로 떨어지게 해요.

시작하기 버튼을 클릭했을 때
계속 반복하기
　만일 〈 위쪽 화살표▼ 키가 눌러져 있는가? 〉 (이)라면
　　탄성▼ 를 (10) (으)로 정하기

위쪽 화살표 키를 누르면 '탄성' 변수 값을 10으로 바꿔서
공이 아래쪽 벽에 닿았을 때 다시 위로 튕기게 해요.

> **TIP**
>
> 속성 탭-변수에서 각 변수를 클릭하면 블록을 사용하
> 지 않고 변수의 기본값을 설정할 수 있습니다.

WHY 💡
공이 아래쪽에 닿으면 왜 공이 튕기다가 멈추나요?

작품이 시작되면 '탄성' 변수에는 10이라는 값이 들어가 있습니다. 이 상태에서 공이 아래쪽 벽에 닿지 않은 경우 '속도' 변수에는 계속해서 -0.3만큼 값이 줄어듭니다. 공의 y좌표는 '속도' 변수 값에 따라 바뀌게 코드를 작성했기 때문에 공은 점점 아래로 떨어지게 됩니다. 공이 떨어지다가 아래쪽 벽에 처음 닿는 순간 '탄성' 변수 값은 (탄성×0.9)인 9로 변하게 됩니다. 이어서 '속도' 변수 값은 바뀐 '탄성' 변수 값은 9로 바뀌고 공은 순간 9만큼 위로 올라가지만 아래쪽 벽에서 떨어진 상태이기 때문에 '속도' 변수가 -0.3만큼 줄어들어 아래로 다시 떨어집니다. 두 번째로 아래쪽 벽에 닿는 순간 탄성은 (9×0.9)인 8.1이 되고, '속도' 변수 값 역시 8.1이 됩니다. 이렇게 여러 번 아래쪽 벽에 닿다 보면 '탄성'과 '속도' 변수 값이 0에 가까워집니다. '속도'가 0이 되면 y좌표가 0이 되므로 더 이상 움직이지 않게 됩니다.

더 나아가기

1. '탄성' 변수의 속성을 '슬라이드'로 바꾸고 탄성이 바뀔 때 공이 어떻게 튕기는지 살펴보세요.

2. 스페이스 키를 누르면 '탄성' 변수 값이 0이 되어 공이 바닥에 붙게 해 보세요.

61. 딸기 우유 만들기

>>>>> **작품 설명**
딸기 우유 용액의 진하기를 보여 주는 작품입니다.

조작법

- 마우스로 우유와 딸기를 클릭하면 용액의 진하기 값을 확인할 수 있습니다..

작품 미리보기

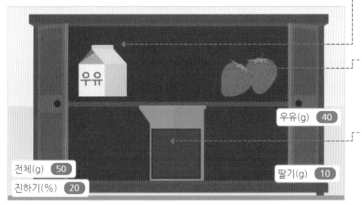

1단계
클릭하면 '우유' 변수 값이 오릅니다.

2단계
클릭하면 '딸기' 변수 값이 오릅니다.

3단계
우유와 딸기의 양에 따라 '진하기' 변수 값이 변하고 색깔도 바뀝니다.

프로그래밍 개념

순차　반복
변수　이벤트
산술연산　비교연산
논리연산

엔트리 기능

모양　효과

작품 주소

bit.ly/entrybook61

오브젝트 살펴보기

이름	사각형	비커	딸기	우유200ml	장롱
카테고리	인터페이스	물건	음식	음식	배경
x	0	-5	100	-105	0
y	-70	-55	40	45	0
크기	70	100	70	70	375

코드 이해하기

우유200ml

⟶ 클릭하면 '우유(g)' 변수 값에 10을 더해요.

딸기

⟶ 클릭하면 '딸기(g)' 변수 값에 10을 더해요.

사각형

⟶ 용액을 만들기 전에는 모양을 숨겨요.

우유나 딸기를 클릭해서 변수 값이 하나라도 0보다 커지는지 확인해요.

⟶ 용액을 보여 줘요.

'전체(g)'를 '딸기(g)'와 '우유(g)'를 합한 값으로 정해요.

'딸기(g)'를 '전체(g)'로 나눈 후 100을 곱해서 '진하기(%)'를 정해요.

⟶ 용액의 밝기를 바꿔요.

TIP 🖱

비커는 **모양 탭**에서 '비커_빈'으로 모양을 바꿔 주세요.

WHY 💡

왜 밝기 효과를 (100 - (진하기(%) ▼ 값 x 2) 으로 정하나요?

밝기 효과는 -100에서 100까지 값을 정할 수 있습니다. -100은 원래 밝기보다 가장 어두운 효과이며, 0은 원래 밝기와 동일하고, 100은 원래 밝기보다 가장 밝은 효과입니다. '진하기' 변수 값이 커질수록 어두운 효과를 내려면 100에서 '진하기' 변수 값을 뺀 값을 밝기 효과로 정할 수 있습니다. 하지만 이렇게 코드를 작성하면 진하기의 최대값인 100이 되더라도 계산된 값은 0이 되어 원래 밝기와 동일하게 됩니다. 따라서 진하기가 100이 되었을 때 -100으로 가장 어둡게 만들어 주기 위해서 100에서 진하기 값에 2를 곱한 값을 빼도록 코드를 작성했습니다.

더 나아가기

1. 스페이스 키를 누르면 모든 변수 값이 0으로 초기화되게 해 보세요.
2. 전체(g) 수가 늘어나면 비커와 사각형의 크기도 늘어나게 해 보세요.

62. 동전 던지기 확률 시뮬레이션

>>>>> **작품 설명**
동전을 던져서 각 면이 나올 확률을 구하는 시뮬레이션입니다.

조작법

• 동전을 몇 번 던질지 입력합니다.

작품 미리보기

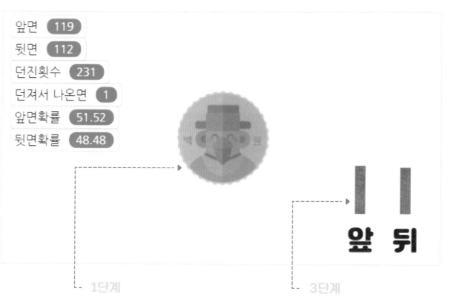

1단계
동전을 몇 번 던질지 묻습니다.

2단계
입력한 횟수만큼 동전을 던집니다.

3단계
앞, 뒷면의 확률을 계산해
그래프로 보여 줍니다.

프로그래밍 개념

순차　선택
반복　변수　입출력
산술연산　비교연산

엔트리 기능

모양　좌표
그리기　글상자
이동하기　무작위 수

작품 주소

bit.ly/entrybook62

오브젝트 살펴보기

이름	백원동전	동그란 버튼1	동그란 버튼2	앞	뒤
카테고리	물건	인터페이스	인터페이스	글상자	글상자
x	0	200	150	150	200
y	0	-80	-80	-110	-110
크기	100	10	10	30	30

코드 이해하기

백원동전

백원동전_앞

백원동전_뒤

시작하기 버튼을 클릭했을 때

대답 숨기기

몇 번 던지겠습니까? 을(를) 묻고 대답 기다리기 ······ 대답 창을 숨겨요.

대답 번 반복하기 ······ 몇 번 던질지 물어봐요.

던진횟수 에 1 만큼 더하기 ······ 입력받은 횟수(대답)만큼 반복해요.

던져서 나온면 를 1 부터 2 사이의 무작위 수 (으)로 정하기 ······ '던진횟수' 변수에 1만큼 더해요.

만일 던져서 나온면 값 = 1 (이)라면 ······ '던져서 나온면' 변수 값을 1 또는 2 가운데 무작위로 정해요.

   백원동전_앞 모양으로 바꾸기 ······ '던져서 나온면'이 1이면 앞면 모양을 보이게

   앞면 에 1 만큼 더하기 ······ 하고 '앞면' 변수에 1을 더해요.

아니면

   백원동전_뒤 모양으로 바꾸기 ······ '던져서 나온면'이 1이 아니면(즉, 2이면) 뒷면

   뒷면 에 1 만큼 더하기 ······ 모양을 보이게 하고 '뒷면' 변수에 1을 더해요.

앞면확률 를 (앞면 값 / 던진횟수 값) x 100 (으)로 정하기 ······ '앞면확률' 변수 값을 앞면이 나온

뒷면확률 를 (뒷면 값 / 던진횟수 값) x 100 (으)로 정하기 ······ 횟수를 '던진횟수'로 나누고 100을 곱하여 확률로 표현해요.

'뒷면확률' 변수 값을 뒷면이 나온 횟수를 '던진횟수'로 나누고 100을 곱하여 확률로 표현해요.

동그란 버튼1

시작하기 버튼을 클릭했을 때

모양 숨기기 ······ 그리기 기능으로 그래프를 그리기 위해서 모양을 숨겨요.

붓의 굵기를 10 만큼 바꾸기 ······ 붓의 굵기를 10으로 정하고 그리기를 시작해요.

그리기 시작하기

계속 반복하기

   y 좌표를 앞면확률 값 만큼 바꾸기 ······ y좌표를 '앞면확률' 변수 값만큼 바꿔서 위쪽으로 '앞면확률'만큼 이동해서 선을 그려요.

   y 좌표를 0 - 앞면확률 값 만큼 바꾸기 ······ y좌표를 0에서 '앞면확률' 변수 값을 뺀 값만큼 바꿔서 원래 자리로 이동하게 해요.

   0.1 초 기다리기 ······ 계속 확률이 변하기 때문에 지웠다가 새로 그리기 위해서

   모든 붓 지우기 ······ 잠시 기다렸다가 모든 선을 지워요.

동그란 버튼2

▶ 시작하기 버튼을 클릭했을 때

모양 숨기기 ···· 그리기 기능으로 그래프를 그리기 위해서 모양을 숨겨요.

붓의 굵기를 10 만큼 바꾸기 ···· 붓의 굵기를 10으로 정하고 그리기를 시작해요.
그리기 시작하기

계속 반복하기
  y 좌표를 뒷면확률▼ 값 만큼 바꾸기 ···· y좌표를 '뒷면확률' 변수 값만큼 바꿔서 위쪽으로 '뒷면확률'만큼 이동해서 선을 그려요.
  y 좌표를 0 - 뒷면확률▼ 값 만큼 바꾸기 ···· y좌표를 0에서 '뒷면확률' 변수 값을 뺀 값만큼 바꿔서 원래 자리로 이동하게 해요.
  0.1 초 기다리기 ···· 계속 확률이 변하기 때문에 지웠다가 새로 그리기 위해서 잠시 기다렸다가 모든 선을 지워요.
  모든 붓 지우기

TIP 👆

안녕! 을(를) 묻고 대답 기다리기 블록을 실행하면 실행화면에 입력 창이 뜹니다. 사용자가 입력한 값은 대답 에 저장이 됩니다.

WHY 💡

왜 '던져서 나온면' 변수 값이 1이면 앞면이고, 2면 뒷면인가요?

이 시뮬레이션에서는 '던져서 나온면' 변수 값을 1 또는 2 가운데 무작위로 설정되게 하고, 1이면 '앞면'이 나왔다고 가정하고 2면 '뒷면'이 나왔다고 가정했습니다. 특별한 뜻은 없습니다. 1이 '뒷면', 2를 '앞면'으로 가정하고 거기에 맞게 코드를 변경해서 작성해도 됩니다.

더 나아가기

1. 그래프의 길이가 현재보다 2배 길게 표현되게 해 보세요.
2. 주사위 던지기를 해서 각 면이 나오는 확률을 구하는 시뮬레이션을 만들어 보세요.

게임편

63. 시간 맞히기 게임

>>>>> **작품 설명**
마음속으로 20초를 세고 마우스를 클릭해서 실제 시간과 가장 가까운
사람이 이기는 게임입니다.

 조작법

- 마우스를 클릭하면 20초와 얼마나 가까운지 알려줍니다.

 작품 미리보기

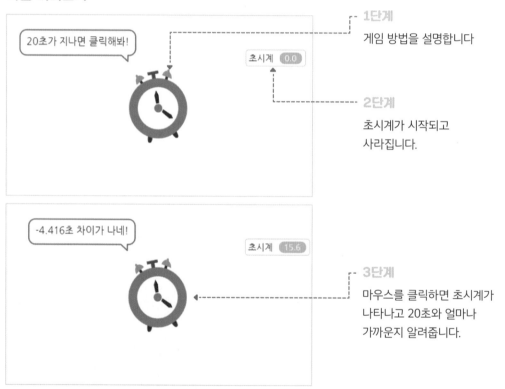

1단계
게임 방법을 설명합니다

2단계
초시계가 시작되고
사라집니다.

3단계
마우스를 클릭하면 초시계가
나타나고 20초와 얼마나
가까운지 알려줍니다.

 프로그래밍 개념

순차 이벤트
산술연산

 엔트리 기능

말하기 초시계
문자열 속성값

 작품 주소

bit.ly/entrybook63

오브젝트 살펴보기

이름	시계
카테고리	물건
x	0
y	0
크기	100

코드 이해하기

시계

게임 방법을 설명해요.

초시계를 시작하고 숨겨요.

마우스를 클릭하면 초시계를 정지하고 보이게 해요.

20초와 얼마나 가까운지 알려줘요.

TIP 🖕

(10) (10) 블록을 (안녕!) 과(와) (엔트리) 을 합치기) 블록에 넣어 보세요.

WHY 💡

왜 (시작! 을(를) 말하기 ▼) 블록 대신 (시작! 을(를) 2 초 동안 말하기 ▼) 블록을 사용하나요?

(시작! 을(를) 2 초 동안 말하기 ▼) 블록을 사용하면 '시작!'이라고 말한 다음 2초 뒤에 초시계가 실행됩니다. 그러나 (시작! 을(를) 말하기 ▼) 블록은 말하기 블록이 실행되는 동시에 다음 블록 이 실행되기 때문에 정확하게 초를 잴 수 있습니다.

더 나아가기

1. 결과 값에 소수점이 나오지 않게 해 보세요.
2. 20초보다 빠르면 몇 초 빨랐는지, 늦으면 몇 초 늦었는지 말하게 해 보세요.

64. 고양이 피하기 게임

조작법

- 쥐는 마우스포인터를 따라 움직입니다.
- 쥐가 고양이에 닿으면 게임이 끝납니다.

작품 미리보기

1단계

게임이 시작되면 초시계가 동작합니다.

3단계

고양이는 쥐를 향해 무작위 속도로 달려갑니다.

2단계

쥐는 마우스포인터를 따라 이동합니다.

4단계

고양이에 닿으면 게임이 끝납니다.

프로그래밍 개념

순차 선택
반복

엔트리 기능

모양 초시계
이동하기 회전하기
무작위 수

작품 주소

bit.ly/entrybook64

오브젝트 살펴보기

이름	고양이	쥐	공원(5)
카테고리	동물	동물	배경
x	-200	0	0
y	100	0	0
크기	65	50	375

코드 이해하기

쥐

> **시작하기 버튼을 클릭했을 때**
> 초시계 시작하기 ▼
> 계속 반복하기
> > 마우스포인터 ▼ 쪽 바라보기
> > 이동 방향으로 3 만큼 움직이기

⟶ 초시계를 시작해요.

⟶ 쥐가 마우스를 바라보고 천천히 이동해요.

> **시작하기 버튼을 클릭했을 때**
> 계속 반복하기
> > 만일 고양이 ▼ 에 닿았는가? (이)라면
> > > 초시계 정지하기 ▼
> > > 모양 숨기기
> > > 모든 ▼ 코드 멈추기

⟶ 고양이에 닿으면 초시계를 멈춰요.

⟶ 쥐 모양을 숨기고 모든 코드를 멈춰서 게임이 끝난 효과를 내요.

고양이

> **시작하기 버튼을 클릭했을 때**
> 계속 반복하기
> > 쥐 ▼ 쪽 바라보기
> > 0.1 부터 3 사이의 무작위 수 초 동안 쥐 ▼ 위치로 이동하기

⟶ 고양이가 쥐를 바라보고 무작위 속도로 이동해요.

TIP

이동 시간이 짧을수록 쥐와 고양이의 속도가 빨라집니다. 0.1부터 3 사이에 무작위 수 부분을 자유롭게 수정해 보세요.

WHY

쥐가 고양이에 닿을 때 왜 '모든 코드 멈추기'를 사용하나요?

쥐가 고양이에 닿으면 모양이 숨겨집니다. 하지만 쥐는 모양이 숨겨진 상태에서도 마우스포인터 쪽으로 이동하고 있습니다. 고양이는 쥐의 모양이 숨겨지더라도 쥐를 향해 계속 이동하기 때문에 게임이 끝난 것을 보여 주기 위해 모든 코드 멈추기를 사용했습니다.

 더 나아가기

1. 쥐가 고양이에 닿으면 소리를 내게 해 보세요.
2. 시간이 지날수록 쥐의 크기가 더 커지게 해 보세요.

65. 달리기 게임

작품 설명
마우스를 클릭해서 컴퓨터보다 먼저 오른쪽 끝에 도착하면 이기는 게임입니다.

 ### 조작법
- 마우스를 클릭하면 남자 아이를 움직일 수 있습니다.
- 실행화면 오른쪽 끝에 먼저 닿으면 게임이 끝납니다.

 ### 작품 미리보기

마우스를 클릭해서 달려봐!

1단계
게임 방법을 설명합니다.

2단계
오른쪽 벽에 닿을 때까지
무작위 속도로 달립니다.

3단계
마우스를 클릭하면 달립니다.

4단계
오른쪽 벽에 닿으면 게임이
끝납니다.

 ### 프로그래밍 개념
순차 선택
반복 이벤트

 ### 엔트리 기능
모양 말하기
이동하기 무작위 수

 ### 작품 주소
bit.ly/entrybook65

 ### 오브젝트 살펴보기

이름	걷고있는 사람(2)	걷고있는 사람(1)	육상선수(1)	들판(2)
카테고리	사람	사람	사람	배경
x	-200	-200	200	0
y	-80	-45	40	0
크기	70	70	70	375

코드 이해하기

육상선수(1)

시작하기 버튼을 클릭했을 때
마우스를 클릭해서 달려봐! 을(를) 말하기 ▼ · · · · · · · · · 게임 방법을 설명해요.

걷고있는 사람(1)

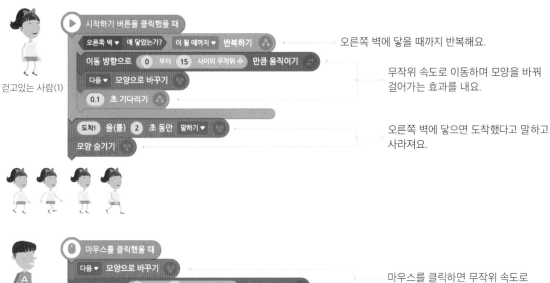

오른쪽 벽에 닿을 때까지 반복해요.

무작위 속도로 이동하며 모양을 바꿔
걸어가는 효과를 내요.

오른쪽 벽에 닿으면 도착했다고 말하고
사라져요.

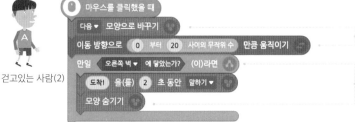

걷고있는 사람(2)

마우스를 클릭하면 무작위 속도로
이동하며 모양을 바꿔 걸어가는
효과를 내요.
오른쪽 벽에 닿으면 도착이라 말하고
사라져요.

WHY 💡

오브젝트의 모양을 바꿀 때 왜 0.1초를 기다리나요?
반복하기 안에 있는 코드는 매우 빠른 속도로 실행되어 모양이 잘 보이지 않기 때문에 자연스
럽게 움직이도록 '기다리기' 블록을 사용했습니다.

더 나아가기

1. 마우스를 클릭할 때마다 남자 아이의 색깔이 바뀌게 해 보세요.
2. 남자 아이가 먼저 도착하면 여자 아이가 움직이지 않게 해 보세요.

66. 자동차 레이싱 게임

>>>>> **작품 설명**
키보드로 자동차를 움직여 목적지까지 가는 게임입니다.

 조작법
- 키보드 화살표 키를 눌러서 자동차를 회전하고 이동합니다.
- 미로에 닿으면 게임이 다시 시작되고 깃발에 닿으면 게임이 끝납니다.

 작품 미리보기

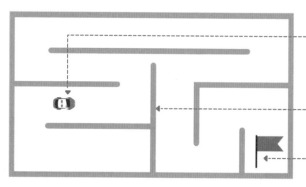

1단계

오른쪽/왼쪽 화살표 키를 누르면
자동차가 회전합니다. 위쪽/아래쪽
화살표 키를 누르면 자동차가
이동합니다.

2단계

미로에 닿으면 게임이 다시 시작됩니다.

3단계

깃발에 닿으면 박수갈채 소리와 함께
게임이 끝납니다.

 프로그래밍 개념

 순차 선택
반복 이벤트

엔트리 기능

모양 소리
이동하기 회전하기

 작품 주소

bit.ly/entrybook66

 **오브젝트 살펴보기**

이름	깃발	파란 경찰차	미로(1)
카테고리	물건	탈것	배경
x	200	-50	0
y	-90	-100	0
크기	50	30	375
이동 방향	90	270	90

코드 이해하기

파란 경찰차

오른쪽 화살표 ▼ 키를 눌렀을 때
방향을 `10°` 만큼 회전하기

왼쪽 화살표 ▼ 키를 눌렀을 때
방향을 `-10°` 만큼 회전하기

오른쪽/왼쪽 화살표 키를 누르면 오른쪽/
왼쪽으로 회전해요.

위쪽 화살표 ▼ 키를 눌렀을 때
이동 방향으로 `10` 만큼 움직이기

아래쪽 화살표 ▼ 키를 눌렀을 때
이동 방향으로 `-10` 만큼 움직이기

위쪽/아래쪽 화살표 키를 누르면 앞뒤로
이동해요.

시작하기 버튼을 클릭했을 때
계속 반복하기
　만일 `미로(1) ▼ 에 닿았는가?` (이)라면
　　처음부터 다시 실행하기

미로에 닿으면 게임을 다시 시작해요.

　만일 `깃발 ▼ 에 닿았는가?` (이)라면
　　소리 `박수갈채 ▼` 재생하기
　　모양 숨기기

깃발에 닿으면 박수갈채 소리를 내고 모양을 숨겨서
게임이 끝난 효과를 내요.

TIP 👆

- 경찰차의 이동 방향은 270도(왼쪽)를 바라보게 해 주세요.
- 소리는 **소리 탭-소리 추가하기**에서 추가할 수 있습니다.

WHY 💡

왼쪽 화살표와 아래쪽 화살표를 눌렀을 때 왜 0보다 작은 값을 사용하나요?

움직임과 관련된 블록에 0보다 작은 -(마이너스) 값을 넣으면 '반대' 방향으로 움직이게 됩니다. 이동 방향에 -10을 넣으면 뒤로 10만큼 이동하고, 회전하기에 -10을 넣으면 왼쪽으로 10만큼 회전합니다.

더 나아가기

1. 경찰차가 미로에 닿으면 소리가 나게 해 보세요.
2. 게임이 시작되면 초시계가 시작되고, 깃발에 닿으면 멈추게 해 보세요.

67. 퀴즈 맞히기 게임

작품 설명

간단한 퀴즈를 맞히는 게임입니다.

 조작법

- 퀴즈에 대한 답을 입력하면 정답 여부를 말해 줍니다.
- 2개의 퀴즈를 풀면 게임이 끝납니다.

 작품 미리보기

1단계

게임 방법을 설명하고 퀴즈를 냅니다.

3단계

정답 여부에 따라 다른 말을 합니다.

2단계

정답을 입력합니다.

 프로그래밍 개념

순차　선택

입출력　비교연산

 엔트리 기능

말하기

 작품 주소

bit.ly/entrybook67

 오브젝트 살펴보기

이름	소녀(2)	소년(3)	교실 뒤(1)
카테고리	사람	사람	배경
x	-100	40	0
y	-50	-50	0
이동 방향	100	100	375

코드 이해하기

소녀(2)

```
시작하기 버튼을 클릭했을 때
내가 내는 퀴즈를 맞혀봐! 을(를) 3 초 동안 말하기 ▼
2개의 퀴즈를 낼게, 한 번씩 도전할 수 있어 을(를) 3 초 동안 말하기 ▼
한글을 만든 왕은 누구일까요? 을(를) 묻고 대답 기다리기
만일 대답 = 세종대왕 (이)라면
    정답! 을(를) 2 초 동안 말하기 ▼
아니면
    땡! 을(를) 2 초 동안 말하기 ▼
중국의 수도는 어딜까요? 을(를) 묻고 대답 기다리기
만일 대답 = 베이징 (이)라면
    정답! 을(를) 2 초 동안 말하기 ▼
아니면
    땡! 을(를) 2 초 동안 말하기 ▼
```

게임 방법을 설명해요.

퀴즈를 내요.
입력한 대답이 정답인지 아닌지 확인해요.
정답이면 '정답!'이라고 말해요.

정답이 아니면 '땡!'이라고 말해요.

두 번째 퀴즈를 내요.
입력한 대답이 정답인지 아닌지 확인해요.
정답이면 '정답!'이라고 말해요.

정답이 아니면 '땡!'이라고 말해요.

TIP 👆

대답 값은 안녕! 을(를) 묻고 대답 기다리기 블록을 실행하고 값이 입력될 때마다 바뀝니다.

WHY 💡

정답을 확인할 때 왜 '대답' 값을 사용하나요?

안녕! 을(를) 묻고 대답 기다리기 블록을 실행하면 실행화면에 입력 창이 뜹니다. 사용자가 입력한 값이 대답 에 저장이 됩니다. 만약에 사용자가 첫 번째 문제에서 '광개토대왕'을 입력했으면 엔트리에서는 '광개토대왕'과 '세종대왕' 값을 비교해서 같으면 '정답!' 블록을 실행하고, 다르면 '땡!' 블록을 실행합니다.

 더 나아가기

1. 다른 문제도 내 보세요.
2. 정답을 맞힐 때까지 계속 묻게 해 보세요.

68. 불 피하기 게임

 조작법
- 오른쪽/왼쪽 화살표 키를 누르면 엔트리봇이 움직입니다.
- 떨어지는 불에 닿으면 게임이 끝납니다.

 작품 미리보기

1단계
게임이 시작되면 초시계가
동작합니다.

3단계
엔트리봇이 벽에 닿으면
원래 위치로 돌아옵니다.

4단계
엔트리봇이 불에 닿으면 게임이
끝납니다. 불은 위에서 아래로 내려오고
시간이 지나면 점점 더 많아집니다.

2단계
오른쪽/왼쪽 키를 누르면 엔트리봇이
오른쪽/왼쪽으로 이동합니다.

 프로그래밍 개념

순차   선택

반복

 엔트리 기능

모양   좌표

복제   말하기   초시계

이동하기   무작위 수

 작품 주소
bit.ly/entrybook68

오브젝트 살펴보기

이름	불(1)	스케이트 엔트리봇	스케이트장(2)

카테고리	환경	엔트리봇 친구들	배경
x	0	0	0
y	0	-100	0
크기	30	70	375

코드 이해하기

스케이트
엔트리봇

> 시작하기 버튼을 클릭했을 때
> 초시계 시작하기 ▼ 🔲
> 계속 반복하기 🔁
> 　만일 　왼쪽 화살표 ▼ 키가 눌러져 있는가? (이)라면 🔁
> 　　스케이트 엔트리봇_1 ▼ 모양으로 바꾸기 👕
> 　　이동 방향으로 -5 만큼 움직이기 ↪
> 　만일 　오른쪽 화살표 ▼ 키가 눌러져 있는가? (이)라면 🔁
> 　　스케이트 엔트리봇_2 ▼ 모양으로 바꾸기 👕
> 　　이동 방향으로 5 만큼 움직이기 ↪
> 　만일 　벽 ▼ 에 닿았는가? (이)라면 🔁
> 　　x: 0 y: -100 위치로 이동하기 ↪
> 　만일 　불(1) ▼ 에 닿았는가? (이)라면 🔁
> 　　초시계 정지하기 ▼ 🔲
> 　　으악! 을(를) 말하기 ▼ 💬
> 　　모든 ▼ 코드 멈추기 🔁

게임이 시작되면 초시계가 동작해요.

키보드 왼쪽 화살표 키를 누르면 왼쪽을
바라보도록 모양을 바꾸고 왼쪽으로 이동해요.

오른쪽 화살표 키를 누르면 오른쪽을 바라보도록
모양을 바꾸고 오른쪽으로 이동해요.

벽에 닿으면 원래 위치로 이동해요.

불에 닿으면 초시계를 정지하고 '으악!'이라
말하고 모든 코드를 멈춰서 게임이 끝나게 해요.

불(1)

> 시작하기 버튼을 클릭했을 때
> x: -240 부터 240 사이의 무작위 수 y: 120 위치로 이동하기 ↪
> 계속 반복하기 🔁
> 　y 좌표를 -3 만큼 바꾸기
> 　만일 　아래쪽 벽 ▼ 에 닿았는가? (이)라면 🔁
> 　　x: -240 부터 240 사이의 무작위 수 y: 120 위치로 이동하기 ↪

높이는 위쪽에서 시작하되 가로는 무작위
위치에서 나타나게 해요.

계속 아래로 떨어지게 해요.

아래쪽 벽에 닿으면 다시 실행화면
위쪽으로 옮겨요.

시작하기 버튼을 클릭했을 때

10 번 반복하기

5 초 기다리기

자신 ▼ 의 복제본 만들기

······ 5초가 지날 때마다 복제본을 만들어서 10개의 복제본을 만들어요.

복제본이 처음 생성되었을때

x: -240 부터 240 사이의 무작위 수 y: 120 위치로 이동하기

계속 반복하기

y 좌표를 -3 만큼 바꾸기

만일 아래쪽 벽 ▼ 에 닿았는가? (이)라면

x: -240 부터 240 사이의 무작위 수 y: 120 위치로 이동하기

······ 복제본이 만들어지면 복제본도 원본과 같이 동작하게 해요.

TIP

무작위 수 안에 들어간 –240~240 범위는 실행화면 가로 전체 좌표입니다.

WHY

복제본은 왜 사용하나요?

이 게임에서 여러 개의 불이 등장하게 하려면 불 오브젝트를 여러 개 추가한 후 동일한 코드를 작성하는 방법이 있습니다. 하지만 이 방법은 매우 비효율적입니다. 복제본을 활용하면 오브젝트를 추가하지 않고도 원본 오브젝트와 동일하게 동작하게 할 수 있습니다. 하지만 복제본을 만든다고 해서 코드가 원본과 동일하게 동작하지 않습니다. '복제본이 처음 생성되었을 때' 아래에 복제본이 생성되면 어떻게 동작해야 할지 명령을 내려야 합니다. 불 피하기 게임에서는 복제본이 원본 불 오브젝트와 동일하게 동작하도록 '복제본이 처음 생성되었을 때' 아래에 원본 오브젝트와 동일한 코드를 넣었습니다.

더 나아가기

1. 오른쪽, 왼쪽 벽에 닿으면 처음 위치로 이동하는 것이 아니라 더 이상 오른쪽, 왼쪽으로 가지 못하게 해 보세요.

2. 시간이 지나면 불이 떨어지는 속도가 더 빨라지게 해 보세요.

69. 새 막기 게임

>>>>> 작품 설명

마우스를 클릭하여 바람을 만들고 날아오는 새를 막는 게임입니다.

조작법

- 새가 오른쪽에서 왼쪽으로 날아옵니다.
- 마우스를 움직이면 바람의 위치가 바뀝니다.
- 마우스를 클릭하면 바람이 나갑니다.
- 새가 왼쪽 벽에 닿으면 게임이 끝납니다.

작품 미리보기

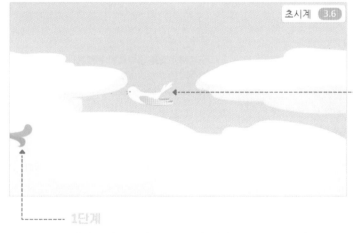

초시계 3.6

3단계

새는 오른쪽에서 왼쪽으로 이동합니다.

4단계

새는 시간이 지날수록 많아집니다.

5단계

새는 바람에 닿으면 처음 위치로 이동하고, 왼쪽 벽에 닿으면 게임을 끝냅니다.

1단계

바람은 마우스의 높이에 따라 위아래로 움직입니다.

2단계

마우스를 클릭하면 바람이 앞으로 나갑니다.

프로그래밍 개념

순차 선택

반복 이벤트

비교연산

엔트리 기능

모양 좌표

복제 말하기 초시계

속성값 이동하기

무작위 수

작품 주소

bit.ly/entrybook69

오브젝트 살펴보기

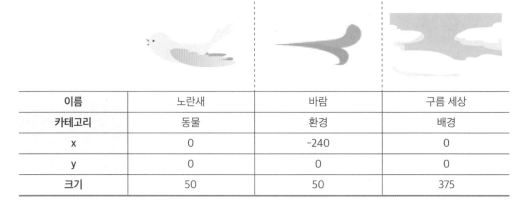

이름	노란새	바람	구름 세상
카테고리	동물	환경	배경
x	0	-240	0
y	0	0	0
크기	50	50	375

 코드 이해하기

바람

시작하기 버튼을 클릭했을 때
계속 반복하기
y: (마우스 y▼ 좌표 위치로 이동하기

마우스포인터의 높이 위치 값에 따라 바람의 높이를 정해요.

마우스를 클릭했을 때
자신▼ 의 복제본 만들기

마우스를 클릭하면 복제본을 만들어요.

복제본이 처음 생성되었을때
계속 반복하기
x 좌표를 10 만큼 바꾸기
만일 오른쪽 벽▼ 에 닿았는가? (이)라면
이 복제본 삭제하기

복제본이 생성되면 계속해서 오른쪽으로 이동해요.

오른쪽 벽에 닿으면 복제본을 삭제해요.

노란새

시작하기 버튼을 클릭했을 때
초시계 시작하기▼
모양 숨기기
계속 반복하기
3 초 기다리기
자신▼ 의 복제본 만들기

초시계를 시작하고 원본 모양을 숨겨요.

3초마다 계속 복제본을 만들어요.

복제본이 생성되면 모양을 보이게 하고,
화면 오른쪽으로 이동하며, 높이는
무작위로 설정해요.

계속 왼쪽으로 이동해요.

바람에 닿으면 화면 오른쪽으로 이동하고
높이는 무작위로 설정해요.

왼쪽 벽에 닿으면 '끝!'이라 말하고 초시계와
모든 코드를 멈춰서 게임을 끝내요.

TIP

실행화면은 오브젝트의 위치를 나타내는 좌표를 가지고 있습니다. 실행화면 한가운데의 좌
푯값(x=0, y=0)을 중심으로 가로 x축은 -240~240까지, 세로 y축은 -135~135까지 나타낼 수
있습니다.

x값은 증가하면 오브젝트의
위치가 오른쪽으로 이동하고,
x값이 감소하면 왼쪽으로 이동
합니다. y값은 증가하면 위쪽
으로 이동하고, y값이 감소하
면 아래쪽으로 이동합니다.

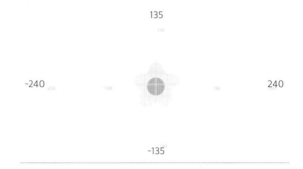

WHY

바람이 오른쪽 벽에 닿으면 왜 복제본을 삭제하나요?

엔트리에서 복제본은 360여 개 정도만 만들 수 있습니다. 또 복제본이 너무 많아지면 속도가
느려지는 경우가 있기 때문에 불필요한 복제본은 삭제해 주는 것이 좋습니다.

더 나아가기

1. 시간에 따라 새의 속도가 점점 빨라지게 해 보세요.
2. 새가 왼쪽 벽에 3번 닿으면 게임이 끝나게 해 보세요.

70. 방 탈출 게임

작품 설명

방에 있는 물건을 통해 단서를 찾아서 방을 탈출하는 게임입니다.

 조작법

- 여러 물건을 클릭하면서 단서를 찾을 수 있습니다.
- 자물쇠를 누르고 비밀번호(4213)를 입력하면 탈출할 수 있습니다.

 작품 미리보기

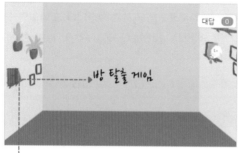

1단계 글이 점점 작아지고 '방' 장면이 시작됩니다.

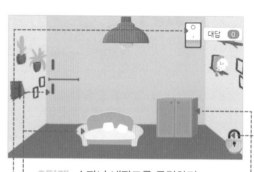

2단계 소파나 냉장고를 클릭하면 움직이거나 색깔이 바뀝니다.

3단계 스위치를 클릭해서 전등을 켜고 끌 수 있습니다.

4단계 스위치가 켜졌을 때 도구함을 클릭하면 암호를 알려줍니다.

5단계 자물쇠를 클릭하면 암호를 묻고 정답을 입력하면 '성공' 장면을 시작합니다.

6단계 탈출 성공을 말합니다.

 프로그래밍 개념

순차　선택
반복　이벤트
입출력　비교연산

 엔트리 기능

모양　효과
크기　장면　말하기
속성값　글상자
이동하기

 작품 주소

bit.ly/entrybook70

오브젝트 살펴보기

	시작		방						성공		
이름	방 탈출 게임	초록 방	전등(1)	스위치 (2)	소파	냉장고	도구함	자물쇠	초록 방1	소녀(5)	마을
카테고리	글상자	배경	물건	물건	물건	물건	물건	물건	배경	사람	배경
x	0	0	0	130	-30	-120	100	210	0	0	0
y	0	0	100	100	-80	0	-55	-100	0	-30	0
크기	200	375	100	40	100	100	100	40	375	100	375

 코드 이해하기

| 시작 |

방 탈출 게임

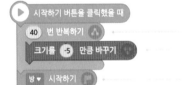

······ 게임이 시작되면 글자가 점점 작아져요.

······ '방' 장면을 시작해요.

| 방 |

소파

······ 소파를 클릭하면 오른쪽으로 움직여요.

냉장고

······ 냉장고를 클릭하면 색깔이 바뀌어요.

스위치

······ 스위치를 클릭하면 모양을 바꾸고 '스위치' 신호를 보내요.

전등

장면이 시작되면 전등이 꺼진 상태가 되게 해요.

전등(1)_켜짐

'스위치' 신호를 받으면 다음 모양으로 바꿔요.

전등(1)_꺼짐

도구함

스위치의 모양 번호를 통해 스위치가 켜진 모양인지 꺼진 모양인지 판단해요.

스위치가 켜져 있으면 비밀번호를 알려주고, 꺼져 있으면 '…'을 말해요.

자물쇠

클릭하면 비밀번호를 물어봐요.

비밀번호가 맞으면 '성공' 장면을 시작하고, 아니면 틀렸다고 말해요.

| 성공 |

소녀(5)

장면이 시작되면 '탈출 성공!'이라 말해요.

TIP 신호는 **속성 탭-신호-신호 추가하기**에서 만들 수 있습니다.

WHY

'시작' 장면에서 왜 글자의 크기를 한 번에 작게 바꾸지 않고 반복하기를 통해 조금씩 바꾸나요?

크기를 한 번에 바꾸면 게임이 시작되자마자 글자가 한 번에 작아지게 됩니다. 반복하기를 통해서 조금씩 작게 바꾸면 자연스럽게 작아지는 효과를 낼 수 있습니다.

도구함을 클릭할 때 왜 모양 번호를 비교하나요?

엔트리에서는 오브젝트별로 여러 개의 모양을 가질 수 있습니다. 여러 개의 모양이 있을 때는 가장 첫 모양은 1, 그다음 모양은 2와 같이 모양 번호가 부여됩니다. 스위치는 꺼진 모양의 모양 번호가 1, 켜진 모양의 모양 번호가 2입니다. 이 게임에서는 스위치를 켰을 때 도구함을 클릭했는지 판단하기 위해 모양 번호가 2인지 비교했습니다.

더 나아가기

1. 게임이 시작될 때 대답 창이 보이지 않게 해 보세요.
2. 스위치를 켰을 때만 자물쇠가 보이게 해 보세요.

71. 농구공 잡기 게임

 >>>>> **작품 설명**
마우스로 농구공을 클릭해서 점수를 얻는 게임입니다.

 ### 조작법

- 마우스로 농구공을 클릭하면 점수가 올라갑니다.
- 다른 공을 클릭하면 점수가 초기화됩니다.
- 20초가 지나면 게임이 끝납니다.

 ### 작품 미리보기

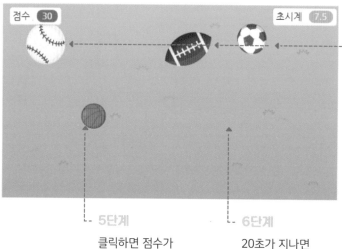

1단계
게임이 시작되면 무작위 방향으로 이동합니다.

2단계
실행화면 끝에 닿으면 튕겨서 다른 방향으로 이동합니다.

3단계
클릭하면 점수가 0이 됩니다.

4단계
5초마다 크기가 점점 커집니다.

5단계
클릭하면 점수가 10씩 오릅니다.

6단계
20초가 지나면 게임이 끝납니다.

 **프로그래밍 개념**
순차 선택
반복 변수 이벤트
비교연산

 엔트리 기능
크기 초시계
속성값 이동하기
회전하기 무작위 수

 작품 주소
bit.ly/entrybook71

오브젝트 살펴보기

이름	야구공	축구공	럭비공	농구공_2	풀
카테고리	물건	물건	물건	물건	배경
x	0	0	0	0	0
y	0	0	0	0	0
크기	50	50	50	50	375

코드 이해하기

야구공

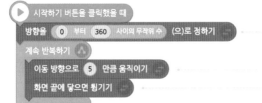

방향을 무작위로 정하고 정해진 방향으로
이동해요.

화면 끝에 닿으면 튕겨서 다른 방향으로
이동해요.

축구공

클릭하면 점수가 0이 돼요.

럭비공

5초가 지나면 크기가 10씩 커져요.

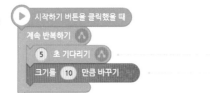

농구공_2

방향을 무작위로 정하고 정해진 방향으로
이동해요.

화면 끝에 닿으면 튕겨서 다른 방향으로
이동해요.

클릭하면 점수가 10씩 올라가요.

초시계를 시작해요.

20초가 지나면 초시계와 모양을 숨기고 게임을 끝내요.

TIP 👆

변수는 **속성 탭-변수-변수 추가하기**에서 추가할 수 있습니다.

WHY 💡

게임을 끝낼 때 왜 조건을 〈 초시계 값 ＝ 20 〉 이 아닌 〈 초시계 값 ＞ 20 〉 을 사용하나요?

계속 반복하기 블록 안에 있는 만일 참 이라면 블록이 매우 빠르게 반복해서 실행하고 있지만, 블록을 한 번 실행하고 다시 실행하기 전의 짧은 순간에 초시계의 값이 20초가 되는 경우가 있습니다. 그런 경우 게임이 멈추지 않고 계속 진행되기 때문에 20초보다 큰지 확인하는 것이 오류를 줄일 수 있는 방법입니다.

더 나아가기

1. 농구공을 클릭할 때마다 크기가 작아지게 해 보세요.
2. 농구공을 클릭할 때마다 색깔이 바뀌게 해 보세요.

게임 | ★★★★☆

72. 두더지 잡기 게임

>>>>> **작품 설명**
마우스로 두더지를 클릭해서 점수를 얻는 게임입니다.

조작법

- 마우스로 두더지를 클릭하면 점수가 올라갑니다.
- 20초가 지나면 게임이 끝납니다.

작품 미리보기

1단계

게임이 시작되면 무작위 위치에서 나타납니다.

2단계

클릭하면 소리와 함께 모양이 바뀌고 점수가 오릅니다.

3단계

20초가 지나면 게임이 끝납니다.

프로그래밍 개념

순차 선택
반복 변수 이벤트
비교연산

엔트리 기능

모양 소리
좌표 초시계 속성값
이동하기 무작위 수

작품 주소

bit.ly/entrybook72

오브젝트 살펴보기

이름	두더지	들판(4)
카테고리	동물	배경
x	0	0
y	0	0
크기	80	375

코드 이해하기

두더지

▶ 시작하기 버튼을 클릭했을 때

계속 반복하기 ⟳

x: -240 부터 240 사이의 무작위 수 y: -135 부터 135 사이의 무작위 수 위치로 이동하기

0.5 초 기다리기 ⟳

⋯⋯ 두더지가 실행화면의 무작위 위치로 계속 이동해요.

⊙ 오브젝트를 클릭했을 때

소리 놀라는소리 ▾ 재생하기

점수 ▾ 에 10 만큼 더하기

두더지3 ▾ 모양으로 바꾸기

0.5 초 기다리기

두더지1 ▾ 모양으로 바꾸기

⋯⋯ 두더지를 클릭하면 소리를 내요.

⋯⋯ 두더지를 클릭하면 점수가 10씩 올라가요.

⋯⋯ 두더지를 클릭하면 모양이 바뀌었다가 다시 돌아와요.

▶ 시작하기 버튼을 클릭했을 때

초시계 시작하기 ▾

계속 반복하기 ⟳

만일 초시계 값 > 20 (이)라면 ⟳

초시계 숨기기 ▾

모양 숨기기

모든 ▾ 코드 멈추기 ⟳

⋯⋯ 초시계를 시작해요.

⋯⋯ 20초가 지나면 초시계와 모양을 숨기고 게임을 끝내요.

TIP 👆
실행화면의 크기는 가로 x축은 -240~240까지, 세로 y축은 -135~135까지입니다.

WHY 💡

모든 코드 멈추기를 사용하는데 모양을 숨길 필요가 있나요?

게임이 끝나는 효과를 주기 위해 보통 '모든 코드 멈추기' 블록을 사용합니다. 하지만 '오브젝트를 클릭했을 때' 블록 아래에 연결된 블록들은 모든 코드 멈추기와 상관없이 언제나 동작합니다. 만약에 모양 숨기기를 하지 않으면 20초가 지나면 두더지가 멈춰 있고 두더지를 클릭하면 점수가 올라가기 때문에 모양을 숨기는 블록을 추가했습니다.

 더 나아가기

1. 두더지를 클릭할 때마다 크기가 작아지게 해 보세요.
2. 다른 동물을 하나 더 추가하고 클릭하면 점수가 0이 되게 해 보세요.

73. 좀비 막기 게임

>>>>> **작품 설명**
아래로 내려오는 좀비를 마우스를 클릭해서 막는 게임입니다.

조작법
- 좀비는 위에서 아래쪽으로 움직이며 내려옵니다.
- 마우스를 클릭하면 점수가 오르고 좀비가 사라집니다.
- 좀비가 아래쪽 벽에 닿으면 게임이 끝납니다.

작품 미리보기

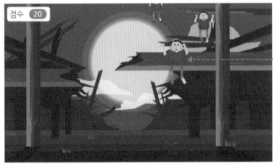

1단계
좀비는 시간이 지날수록 많아집니다.

2단계
좀비는 화면 위쪽의 무작위 위치에
나타나서 아래로 내려옵니다.

3단계
마우스로 클릭하면 소리와 함께
사라지며 점수가 오릅니다.

4단계
아래쪽 벽에 닿으면 게임이 끝납니다.

5단계
가림막이 무작위 초 동안 나타났다가
사라집니다.

프로그래밍 개념

순차 선택
반복 변수 논리연산

엔트리 기능

모양 크기
소리 좌표 복제
이동하기 무작위 수

작품 주소
bit.ly/entrybook73

오브젝트 살펴보기

이름	컨베이어 벨트	좀비(1)	으슥한 동네
카테고리	물건	판타지	배경
x	0	0	0
y	0	0	0
크기	500	30	375

 코드 이해하기

좀비(1)

> 시작하기 버튼을 클릭했을 때
> 모양 숨기기
> 계속 반복하기
> 자신 ▼ 의 복제본 만들기
> 1.0 부터 2.5 사이의 무작위 수 초 기다리기

원본 오브젝트를 숨기고, 무작위 초마다 자신을 복제해요.

> 복제본이 처음 생성되었을때
> 모양 보이기
> x: -220 부터 220 사이의 무작위 수 y: 135 위치로 이동하기
> 계속 반복하기
> y 좌표를 -3 만큼 바꾸기
> 다음 ▼ 모양으로 바꾸기
> 크기를 1 만큼 바꾸기
> 0.1 초 기다리기

복제가 되면 모양이 나타나게 하고 화면 위쪽의 무작위 위치에서 나타나게 해요.

계속 아래로 내려오면서 모양을 바꾸고 크기를 키워서 멀리서 가까이 내려오는 것과 같은 효과를 내요.

> 복제본이 처음 생성되었을때
> 계속 반복하기
> 만일 ⟨마우스포인터 ▼ 에 닿았는가? 그리고 ▼ 마우스를 클릭했는가?⟩ (이)라면
>   소리 남자 비명 ▼ 재생하기
>   점수 ▼ 에 10 만큼 더하기
>   모양 숨기기
>   이 복제본 삭제하기
> 만일 ⟨아래쪽 벽 ▼ 에 닿았는가?⟩ (이)라면
>   끝! 을(를) 말하기 ▼
>   모든 ▼ 코드 멈추기

마우스로 좀비를 클릭하면 소리를 내고 점수에 10만큼 더해요.

모양을 숨기고 복제본을 삭제해요.

아래쪽 벽에 닿으면 '끝!'이라 말하고 모든 코드를 멈춰요.

컨베이어 벨트

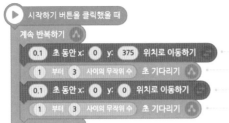

처음에 컨베이어 벨트를 실행화면 위로 올리고 무작위 초만큼 기다려요.

컨베이어 벨트를 실행화면 아래로 내려서 화면을 가리고 무작위 초만큼 기다려요.

TIP

오브젝트 목록에서 컨베이어 벨트 오브젝트를 가장 위로 올려야 화면이 가려집니다.

WHY

좀비를 클릭할 때 왜 `마우스포인터 ▼ 에 닿았는가? 그리고 ▼ 마우스를 클릭했는가?` 블록을 사용하나요?

이 코드는 특정 좀비를 마우스로 클릭했는지 판단합니다. 만약에 '마우스를 클릭했는가' 블록만 사용했다면 화면 아무곳에서 마우스를 클릭해도 모든 좀비가 사라지게 됩니다. 따라서 특정한 좀비에 마우스포인터가 올라가 있고(닿아 있고) 그 상태에서 마우스를 클릭했는지 확인하도록 했습니다.

더 나아가기

1. 30초가 지나면 게임이 더 어려워지게 해 보세요.
2. 다양한 특성을 가진 좀비를 추가해 보세요.

74. 공 팅기기 게임

>>>>> **작품 설명**
떨어지는 공을 땅에 떨어트리지 않고 동전까지 이동시키는 게임입니다.

 조작법
- 오른쪽/왼쪽 화살표 키를 누르면 공이 움직입니다.
- 상자에 닿으면 공이 팅기고, 땅에 떨어지면 다시 시작합니다.
- 공이 동전에 닿으면 게임이 끝납니다.

 작품 미리보기

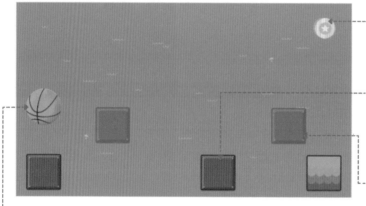

6단계
공에 닿으면 사라지고
게임이 끝납니다.

1단계
게임이 시작되면 2개의
상자가 복제되어
등장합니다.

2단계
2개의 상자가 복제되어
나타났다 사라졌다 합니다.

3단계
게임이 시작되면
계속 아래로
떨어집니다.

4단계
오른쪽/왼쪽
화살표 키를
누르면 오른쪽/
왼쪽으로
움직입니다.

5단계
상자에 닿으면
팅기고, 화면
아래로 떨어지면
다시 시작합니다.

 프로그래밍 개념
순차 선택
반복 변수 논리연산

 엔트리 기능
모양 효과
좌표 복제 이동하기

 작품 주소
bit.ly/entrybook74

오브젝트 살펴보기

이름	상자	색깔상자	색깔상자1	동전	농구공	물
카테고리	인터페이스	인터페이스	인터페이스	물건	물건	배경
x	200	-200	-100	200	-200	0
y	-100	-100	-35	100	100	0
크기	50	50	50	30	50	375

코드 이해하기

색깔상자

> 시작하기 버튼을 클릭했을 때
> 자신 ▼ 의 복제본 만들기

······· 복제본을 만들어요.

> 복제본이 처음 생성되었을때
> x 좌표를 250 만큼 바꾸기

······· 복제본이 만들어질 때 복제본을 오른쪽으로 움직여요.

색깔상자1

> 시작하기 버튼을 클릭했을 때
> 투명도 ▼ 효과를 50 만큼 주기
> 자신 ▼ 의 복제본 만들기
> 계속 반복하기
>   모양 숨기기
>   2 초 기다리기
>   모양 보이기
>   2 초 기다리기

······· 상자를 약간 투명하게 만들고 복제본을 만들어요.

······· 2초 간격으로 계속 사라졌다가 나타났다가 해요.

> 복제본이 처음 생성되었을때
> x 좌표를 250 만큼 바꾸기
> 계속 반복하기
>   모양 숨기기
>   2 초 기다리기
>   모양 보이기
>   2 초 기다리기

······· 복제본이 만들어지면 복제본을 오른쪽으로 움직여요.

······· 2초 간격으로 계속 사라졌다가 나타났다가 해요.

변수 창을 숨겨요.

'속도' 변수 값만큼 y값이 변하게 하고, '속도' 변수 값은 계속 -0.3만큼 바꿔서 공이 아래로 떨어지게 해요.

농구공

오른쪽 화살표 키를 누르면 오른쪽으로 이동해요.

왼쪽 화살표 키를 누르면 왼쪽으로 이동해요.

색깔상자나 색깔상자1에 닿으면 위로 튕기게 해요.

초록색 상자에 닿으면 더 높이 튕기게 해요.

화면 아래쪽 벽에 닿으면 게임을 다시 시작해요.

동전

공에 닿으면 모양을 숨기고 게임이 끝나요.

TIP

• x좌표는 오른쪽, 왼쪽으로 y 좌표는 위, 아래로 오브젝트를 이동시킬 수 있습니다.

• 색깔상자 오브젝트는 2개를 준비해 주세요.

WHY 💡

농구공의 '속도' 변수 값에 -0.3을 더하면 왜 공이 떨어지는 효과가 나나요?

만약에 공을 일정한 속도로 떨어지게 하려면 'y 좌표를 -10만큼 바꾸기' 코드를 사용하면 됩니다. 하지만 이렇게 코드를 작성하면 동일한 속도로 떨어지기 때문에 자연스럽지 않습니다. 시간이 지날수록 떨어지는 속도가 빨라지게 하면 자연스럽게 떨어지는 효과를 낼 수 있습니다. 따라서 '속도'라는 변수를 만들고 변수에 일정한 값을 계속 더해주고, 그 값만큼 y좌표를 바꾸기 때문에 자연스럽게 공이 떨어지게 됩니다. 이때 y값에 -(마이너스) 값을 더하는 이유는 +값을 더하면 공이 위로 올라가기 때문입니다.

농구공이 색깔상자에 닿을 때 '속도' 변수 값을 5로 정하면 왜 공이 튕기나요?

'속도' 변수에는 기본적으로 마이너스 값이 들어가 있습니다. 공이 색깔상자에 닿았을 때 변수 값을 5로 설정하면, 그 순간 공은 y좌표를 5만큼 바꿔야 합니다. 그렇게 되면 공이 위로 올라가게 됩니다. 하지만 '속도' 변수 값은 계속해서 -0.3만큼 더하고 있기 때문에 점점 올라가는 속도가 줄어들게 되고 어느 지점에서 다시 떨어지게 됩니다.

더 나아가기

1. 장면을 추가해서 여러 단계를 더 만들어 보세요.
2. 색깔 상자가 농구공에 닿을수록 크기가 작아지게 해 보세요.

게임 | ★★★★★

75. 민첩성 테스트 게임

>>>>> **작품 설명**
배경 색깔이 바뀌는 순간을 기다렸다가 가장 빠르게 클릭을 하는 게임입니다.

조작법
• 무작위 시간이 지나면 배경 색깔이 바뀝니다.
• 배경 색깔이 바뀌었을 때 클릭하면 몇 초만에 클릭했는지 알려줍니다.

작품 미리보기

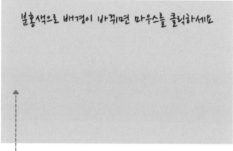

1단계 무작위 시간이 지나면 배경 색깔이 바뀝니다.

2단계 배경 색깔이 바뀌었을 때 마우스를 클릭하면 '성공' 장면을 시작하고 기록을 보여 줍니다.

3단계 배경 색깔이 바뀌지 않았는데 마우스를 클릭하면 '실패' 장면이 시작되고 다시할 수 있습니다.

프로그래밍 개념
순차 선택
변수 이벤트
비교연산

엔트리 기능
모양 장면
초시계 문자열
속성값 글상자
무작위 수

작품 주소
bit.ly/entrybook75

오브젝트 살펴보기

	시작		실패			성공	
	가		다시하기 가		다시하기	가	
이름	글상자	단색 배경	다시하기 버튼1	글상자1	교실(2)	다시하기 버튼2	글상자2	교실(2)1
카테고리	글상자	배경	인터페이스	글상자	배경	인터페이스	글상자	배경
x	0	0	0	0	0	0	0	0
y	100	0	-50	50	0	-50	50	0
크기	200	375	70	135	375	70	60	375

코드 이해하기

| 시작 |

단색 배경

▶ 시작하기 버튼을 클릭했을 때
초시계 숨기기
체크 를 0 (으)로 정하기
2.1 부터 4.2 사이의 무작위 수 초 기다리기
다음 모양으로 바꾸기
체크 를 1 (으)로 정하기
초시계 시작하기

> 게임이 시작되면 초시계를 숨겨요.

> '체크' 변수 값을 0으로 정하고 무작위 초만큼 기다려요.

> 배경을 분홍색으로 바꾼 뒤 '체크' 변수 값을 1로 바꾸고 초시계를 시작해요.

🖱 마우스를 클릭했을 때
만일 체크 값 = 0 (이)라면
　실패 시작하기
아니면
　초시계 정지하기
　기록 를 초시계 값 (으)로 정하기
　성공 시작하기

> 마우스를 클릭했을 때 '체크' 변수 값이 0이면 '실패' 장면을 시작해요.

> 마우스를 클릭했을 때 '체크' 변수 값이 0이 아니면 초시계를 정지하고 '기록' 변수 값에 초시계 값을 저장한 다음 '성공' 장면을 시작해요.

| 성공 |

가

글상자2

📅 장면이 시작되었을 때
기록 : 과(와) 기록 값 과(와) 초 를 합치기 를 합치기 라고 글쓰기

> '성공' 장면이 시작되면 기록을 보여 줘요.

다시하기
다시하기 버튼2

············· 클릭하면 다시 시작해요.

| 실패 |

다시하기
다시하기 버튼1

············· 클릭하면 다시 시작해요.

TIP 🖑

글상자는 **오브젝트 추가하기-글상자**에서 추가할 수 있습니다. 다양한 글씨체와 색깔을 활용해 보세요.

WHY 💡

단색 배경에서 '체크' 변수 값은 왜 사용하나요?

이 게임에서 체크 변수는 현재 배경의 오브젝트 모양이 바뀌었는지 확인하는 용도로 사용됩니다. 배경이 바뀌지 않으면 변수 값에 0이 들어있다가, 배경이 바뀌면 변수 값에 1이 들어가 있게 합니다. 그래서 마우스를 클릭한 순간 변수 값이 0인지 확인하고 0이라면 배경이 바뀌지 않을 때 클릭한 것이기에 '실패' 장면을 시작하고, 변수 값이 0이 아니라면 배경이 바뀌었을 때 클릭한 것이기에 기록을 저장하고 '성공' 장면을 시작합니다.

'성공' 장면을 시작할 때 왜 (장면이 시작되었을때) 블록을 사용하나요?

작품을 실행할 때 시작하기 버튼을 클릭하기 때문에 (시작하기 버튼을 클릭했을 때) 블록에 여러 블록들을 연결하여 작품을 만드는 경우가 많습니다. 하지만 장면 기능은 (장면 1 ▼ 시작하기) 블록으로 장면을 바꿀 수 있습니다. 이렇게 장면이 바뀌면 (장면이 시작되었을때) 아래에 연결된 블록만 실행되기 때문에 '성공'과 '실패' 장면에서는 (장면이 시작되었을때) 블록을 사용했습니다.

더 나아가기

1. 최고 기록을 보여 주는 기능을 만들어 보세요.
2. 기록에서 소수점 자리가 나오지 않게 해 보세요.

76. 핑퐁 게임

>>>>> **작품 설명**
튕기는 공을 계속 받아내서 오래 살아남는 게임입니다.

조작법

- 마우스를 움직이면 판이 움직입니다.
- 공이 판에 닿으면 튕기고, 가시에 여러 번 닿으면 게임이 끝납니다.

작품 미리보기

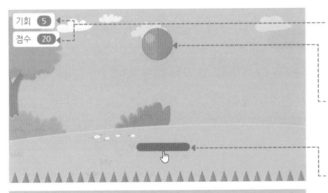

2단계
처음에 기회가 5번 주어지고,
1초마다 10점씩 점수가 올라갑니다.

3단계
공은 계속 이동하다가 화면 끝에
닿으면 튕깁니다.

1단계
판은 마우스포인터를 따라 좌우로만
움직입니다. 공이 판에 닿으면
방향이 바뀝니다.

4단계
가시에 닿으면 기회가 1씩 줄어들고
공이 처음 위치로 갑니다.

5단계
기회가 0이 되면 글상자가 나타나고
게임이 끝납니다.

프로그래밍 개념

순차 선택
반복 변수 이벤트
비교연산

엔트리 기능

모양 좌표
속성값 글상자
이동하기 회전하기
무작위 수

작품 주소

bit.ly/entrybook76

오브젝트 살펴보기

이름	판	신호	가시	GAME OVER	잔디 언덕(1)
카테고리	인터페이스	물건	물건	글상자	배경
x	0	0	0	0	0
y	-80	80	-130	0	0
크기	50	50	250	200	375

 코드 이해하기

판

ⓘ 마우스포인터를 따라 좌우로만 움직입니다.

ⓘ '기회' 변수 값을 5로 정하고, 1초가 지나면 '점수' 변수 값에 10을 더해요.

신호

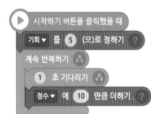

ⓞ 처음에 방향을 무작위로 설정해요.

ⓞ 정해진 방향으로 계속 이동하다가 화면 끝에 닿으면 튕겨요.

공이 판에 닿으면 공의 방향을 바꿔요.

가시에 닿으면 기회를 1씩 줄어들게 하고 공을 처음 위치로 옮겨요.

기회가 0이 되면 '끝' 신호를 보내고 모든 코드를 멈춰요.

가

GAME OVER

처음에는 모양을 숨겨요.

'끝' 신호를 보내면 모양을 보이게 해요.

TIP 👆

(마우스 x▼ 좌표) 블록에는 마우스포인터의 가로 위치 값이 들어갑니다.

WHY 💡

공이 판에 닿을 때 왜 튀는 방향을 -150에서 -30 사이의 무작위 수로 설정하나요?

공이 판에 닿았을 때 위쪽을 바라보고 이동하도록 하기 위해서입니다. 방향이 -150이 되면 이동 방향은 10시 방향을 가리키게 됩니다. 방향이 -30이 되면 이동 방향이 2시 방향을 가리키게 됩니다. 즉 방향을 -150에서 -30 사이의 무작위수로 정하면 이동 방향이 10시에서 2시 사이의 방향을 가리키게 되어 항상 위쪽으로 튕기게 됩니다.

방향이 -150인 경우   방향이 -30인 경우

더 나아가기

1. 별을 하나 추가하고 별에 닿으면 기회가 1씩 늘어나게 해 보세요.
2. 공이 판에 닿을 때마다 판의 크기가 조금씩 작아지게 해 보세요.

77. 야구 게임

 조작법

- 야구공이 무작위로 날아옵니다.
- 스페이스 키를 누르면 타격을 하고 기회가 줄어듭니다.
- 기회가 0이 되면 게임이 끝납니다.

 작품 미리보기

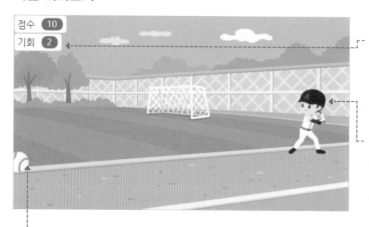

1단계
3번의 기회가 주어집니다.

3단계
스페이스 키를 누르면
기회가 1씩 줄어들고 타격을
합니다.

2단계
무작위 초마다 공이 날아옵니다.

4단계
타자가 공을 치면 소리와 함께 공이 날아가며 점수가 오릅니다.

 프로그래밍 개념

순차　선택
반복　변수　이벤트
비교연산　논리연산

 엔트리 기능

모양　소리
좌표　말하기
이동하기　무작위 수

 작품 주소
bit.ly/entrybook77

오브젝트 살펴보기

이름	타자	야구공	운동장
카테고리	사람	물건	배경
x	180	-240	0
y	-10	-70	0
크기	100	30	375

코드 이해하기

운동장

```
시작하기 버튼을 클릭했을 때
기회 ▾ 를 3 (으)로 정하기
계속 반복하기
  만일  기회 ▾ 값  >  0  (이)라면
     3 부터 5 사이의 무작위수  초 기다리기
    던지기 ▾ 신호 보내기
  아니면
    모든 ▾ 코드 멈추기
```

'기회' 변수 값을 3으로 정해요.

기회가 0보다 크면 무작위 초만큼 기다렸다가 '던지기' 신호를 보내요.

기회가 0과 같거나 작으면 모든 코드를 멈춰서 게임을 끝내요.

타자

```
스페이스 ▾ 키를 눌렀을 때
만일  기회 ▾ 값  >  0  (이)라면
  기회 ▾ 에 -1 만큼 더하기
  4 번 반복하기
    다음 ▾ 모양으로 바꾸기
    0.1 초 기다리기
아니면
  끝! 을(를) 말하기 ▾
```

스페이스 키를 눌렀을 때 기회가 0보다 크면 기회를 1씩 줄여요.

모양을 4번 바꿔서 타자가 타격을 하는 효과를 내요.

기회가 0과 같거나 작으면 '끝!'이라고 말해요.

야구공

> 시작하기 버튼을 클릭했을 때
> 계속 반복하기
> 만일 〈 스페이스 ▼ 키가 눌러져 있는가? 〉 그리고 ▼ 〈 타자 ▼ 에 닿았는가? 〉 (이)라면
> 점수 ▼ 에 10 만큼 더하기
> 소리 박수 ▼ 재생하기
> 자신의 다른 ▼ 코드 멈추기
> 0.2 부터 1 사이의 무작위 수 초 동안 x: -250 y: -120 부터 120 사이의 무작위 수 위치로 이동하기

스페이스 키를 누른 상태에서 공이 타자에 닿으면 점수를 올리고 박수 소리를 재생해요.

공이 이동하던 것을 멈추게 해요.

무작위 속도로 화면 왼쪽으로 이동해요.

> 던지기 ▼ 신호를 받았을 때
> x: -240 y: -70 위치로 이동하기
> 0.5 부터 1.5 사이의 무작위 수 초 동안 x: 250 y: -80 부터 0 사이의 무작위 수 위치로 이동하기

‘던지기’ 신호를 받았을 때 처음 위치로 이동하고, 무작위 속도로 화면 오른쪽으로 이동해요.

TIP 👆

야구공에서 x: 250, y: -80~0은 타자가 공을 칠 수 있는 위치의 좌표입니다.

WHY 💡

야구공에서 왜 〈 자신의 다른 ▼ 코드 멈추기 〉를 사용하나요?

야구공을 제대로 쳤을 때의 상황을 생각해 봅시다. 야구공은 ‘던지기’ 신호를 받으면 오른쪽으로 이동하는 코드를 실행하고 있습니다. 이때 야구공을 치게 되면 왼쪽으로 이동하는 코드도 동시에 실행되게 됩니다. 이렇게 되면 야구공이 이상하게 움직이게 되기 때문에 공을 쳤을 때는 〈 자신의 다른 ▼ 코드 멈추기 〉를 통해 야구공을 오른쪽으로 움직이는 코드의 실행을 멈춘 다음 왼쪽으로 움직이는 코드를 실행하는 것입니다.

더 나아가기

1. 야구공이 날아오는 속도와 위치를 바꿔 보세요.
2. 타자가 야구공을 쳤을 때는 기회가 줄어들지 않게 해 보세요.

78. 승부차기 게임

>>>>> **작품 설명**
스페이스 키로 슈팅을 해서 골을 넣는 게임입니다.

조작법

- 스페이스 키를 누르면 슈팅을 합니다.
- 5번의 기회를 사용할 수 있으며 골을 넣으면 점수가 올라갑니다.

작품 미리보기

1단계
골키퍼는 좌우로 계속 움직입니다.

2단계
기회는 5번 주어집니다.

3단계
스페이스 키를 누르면 기회가 줄어들고 슈팅을 합니다.

4단계
골대에 닿으면 '골!'이라 말하고 점수가 오르고 닿지 않으면 '노골!'이라고 말합니다.

5단계
모든 기회를 다 사용하면 게임이 끝납니다.

프로그래밍 개념
순차 선택
반복 변수 이벤트
비교연산 논리연산

엔트리 기능
소리 좌표
말하기 이동하기
무작위 수

작품 주소
bit.ly/entrybook78

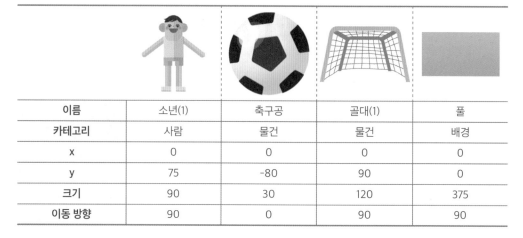

오브젝트 살펴보기

이름	소년(1)	축구공	골대(1)	풀
카테고리	사람	물건	물건	배경
x	0	0	0	0
y	75	-80	90	0
크기	90	30	120	375
이동 방향	90	0	90	90

코드 이해하기

소년(1)

골키퍼가 무작위 속도로 움직이며 화면 끝에 닿으면 튕겨요.

축구공

'기회' 변수 값을 5로 정해요.

스페이스 키를 눌렀을 때 '기회' 변수 값이 0보다 작으면 모든 기회를 사용했다고 말해요.

스페이스 키를 눌렀을 때 '기회' 변수 값이 0보다 크면 기회를 1씩 줄어들게 해요.

계속해서 이동 방향으로 이동해요.

골대에 닿으면 점수가 오르고 처음 위치로 공을 옮겨요.

'골!'이라고 말하고 반복을 중단해요.

소년이나 벽에 닿으면 처음 위치로 공을 옮기고 '노골!'이라 말한 다음 반복을 중단해요.

- 소년(1)은 회전방식을 좌우로 바꿔서 화면 끝에 닿았을 때 모양이 뒤집히지 않게 해 주세요.

- 축구공은 스페이스 키를 누르면 위로 이동하도록 이동 방향을 0으로 바꿔 주세요.

축구공이 골대에 닿을 때 왜 반복 중단하기 ⚠ 블록을 사용하나요?

스페이스 키를 누르면 축구공은 계속 이동 방향으로 움직입니다. 축구공이 골대나 골키퍼에 닿으면 더 이상 움직이지 않고 멈추도록 반복 중단하기를 사용합니다. 만약에 이 블록을 사용하지 않는다면 축구공이 골대에 닿고 처음 위치로 축구공이 옮겨지더라도 계속 자동으로 위로 이동하게 됩니다.

더 나아가기

1. 골을 넣으면 소리가 나게 해 보세요.
2. 키보드 화살표 키로 슈팅 방향을 조절할 수 있게 해 보세요.

79. 선생님 몰래 춤추기 게임

>>>>> **작품 설명**
30초 동안 선생님의 눈을 피해서 최대한 춤을 많이 추는 게임입니다.

 조작법

- 선생님이 없을 때 클릭하면 점수가 오르고, 있을 때 클릭하면 점수가 내려갑니다.
- 점수가 0점이 되거나 30초가 지나면 게임이 끝납니다.

 작품 미리보기

1단계
기본 점수를 5점으로 설정하고 시간이 지나면 점수가 낮아집니다.

2단계
무작위로 나타났다가 사라졌다가 합니다.

4단계
선생님이 나타났을 때 춤을 추면 말을 합니다.

3단계
선생님이 사라졌을 때 클릭하면 춤을 추며 점수가 올라가고, 선생님이 나타났을 때 춤을 추면 점수가 내려갑니다.

5단계
점수가 0점이 되거나 30초가 지나면 '끝' 장면을 시작합니다.

6단계
게임이 끝나면 점수를 보여 줍니다.

프로그래밍 개념

순차　선택
반복　변수　이벤트
비교연산　논리연산

엔트리 기능

모양　장면
말하기　초시계
문자열　속성값
글상자　무작위 수

작품 주소

bit.ly/entrybook79

 오브젝트 살펴보기

	시작			끝	
이름	선생님(2)	만세하는 사람(2)	교실(2)	점수	교실(2)1
카테고리	사람	사람	배경	글상자	배경
x	-80	60	0	0	0
y	0	-90	0	50	0
크기	120	100	375	40	375

 코드 이해하기

| 시작 |

교실(2)

```
시작하기 버튼을 클릭했을 때
점수▼ 를 5 (으)로 정하기
변수 상태▼ 숨기기
계속 반복하기
    1 초 기다리기
    점수▼ 에 -1 만큼 더하기
```

‘점수’ 변수 값을 5로 정하고 상태 변수 창을 숨겨요.

1초가 지날 때마다 점수가 1씩 낮아지게 해요.

```
시작하기 버튼을 클릭했을 때
초시계 시작하기▼
계속 반복하기
    만일   0 = 점수▼ 값 또는▼ 초시계 값 > 30   (이)라면
        끝 ▼ 시작하기
```

초시계를 시작해요.

점수가 0이 되거나, 30초가 지나면 ‘끝’ 장면을 시작해요.

선생님(2)

'상태' 변수 값에 '선생님없음'을 넣고 선생님의 모양을
숨긴 다음 무작위 초만큼 기다려요.

'상태' 변수 값에 '선생님등장'을 넣고 선생님이 보이게 한
다음 무작위 초만큼 기다려요.

'걸렸다' 신호를 받으면 말을 해요.

만세하는 사람
(2)

클릭했을 때 '상태' 변수 값에 '선생님없음'이 들어가
있으면 모양을 바꿔서 춤을 추고 점수를 1만큼 올려요.

클릭했을 때 '상태' 변수 값에 다른 값(선생님 등장)이
들어가 있으면 '걸렸다' 신호를 보내고 점수를 1만큼
낮아지게 해요.

| 끝 |

점수

장면이 시작되면 초시계를 숨기고 점수를 보여 줘요.

TIP 👆

안녕! 과(와) 엔트리 를 합치기 블록을 사용하면 두 값을 이어 붙여서 사용할 수 있습니다.

WHY 💡

'상태' 변수는 왜 사용하나요?

이 게임은 선생님이 없을 때 춤을 춰야 점수가 오르고, 있을 때 춤을 추면 점수가 낮아지는 게임입니다. 따라서 학생이 춤을 출 때 선생님이 있는지 없는지를 판단해야 합니다. 선생님이 없을 때는 '상태' 변수 값을 '선생님없음'으로 정하고, 있을 때는 '선생님등장'으로 정해 놓으면 이 값을 가지고 선생님이 있는지 없는지 판단할 수 있습니다. 따라서 만세하는 사람(2) 오브젝트의 🔵 오브젝트를 클릭했을 때 블록에서 '상태' 변수 값에 따라 오브젝트 클릭 시 다른 행동을 하도록 코드를 작성했습니다.

더 나아가기

1. '끝' 장면에서 다시 하기 기능을 추가해 보세요.

2. 학생이 춤을 추다가 걸렸을 때 학생도 말을 하게 해 보세요.

80. 달려라 강아지 게임

>>>>> **작품 설명**
스페이스 키로 다가오는 장애물을 피하면서 오래 달리는 게임입니다.

조작법

- 스페이스 키를 누르면 점프를 합니다.
- 시간이 지나거나 동전에 닿으면 점수가 오릅니다.
- 장애물에 닿으면 게임이 끝납니다.

작품 미리보기

점수 : 49

1단계
배경이 오른쪽에서 왼쪽으로 이동합니다.

7단계
점수가 화면에 실시간으로 나타납니다.

4단계
무작위 초마다 화면에 나타납니다.

2단계
제자리에서 계속 달립니다.

3단계
스페이스 키를 누르면 점프를 합니다.

6단계
강아지에 닿으면 점수가 오르고, 화면 왼쪽에 닿으면 사라집니다.

5단계
화면 오른쪽에서 나타나 왼쪽으로 이동하고 강아지에 닿으면 게임을 끝내고, 화면 왼쪽에 닿으면 사라집니다.

프로그래밍 개념

순차 선택
반복 변수 함수

엔트리 기능

모양 좌표
복제 문자열 속성값
글상자 이동하기
무작위 수

작품 주소

bit.ly/entrybook80

🔍 오브젝트 살펴보기

이름	회오리바람(1)	그루터기	점수	동전	강아지	숲속(2)	숲속(2)1
카테고리	환경	물건	글상자	물건	동물	배경	배경
x	0	0	0	0	-190	0	0
y	-110	-120	80	-20	0	0	0
크기	50	40	30	30	80	375	375

🔍 코드 이해하기

숲속(2)

시작하기 버튼을 클릭했을 때
계속 반복하기
x 좌표를 -3 만큼 바꾸기
만일 ⟨ 자신▼ 의 x좌푯값▼ ≤ -480 ⟩ (이)라면
x: 480 위치로 이동하기

첫 번째 배경을 오른쪽에서 왼쪽으로 계속 움직여요.

첫 번째 배경이 실행화면에서 완전히 벗어나면(x<-480), 첫 번째 배경의 x좌표를 480으로 바꿔요.

숲속(2)1

시작하기 버튼을 클릭했을 때
x: 480 위치로 이동하기
계속 반복하기
x 좌표를 -3 만큼 바꾸기
만일 ⟨ 자신▼ 의 x좌푯값▼ ≤ -480 ⟩ (이)라면
x: 480 위치로 이동하기

두 번째 배경의 x좌표를 480으로 정하고 오른쪽에서 왼쪽으로 움직여요.

두 번째 배경이 실행화면에서 완전히 벗어나면(x<-480), 두 번째 배경의 x좌표를 480으로 바꿔요.

강아지

시작하기 버튼을 클릭했을 때
계속 반복하기
다음▼ 모양으로 바꾸기
0.2 초 기다리기

모양을 일정 시간 간격으로 바꾸며 달려가는 효과를 내요.

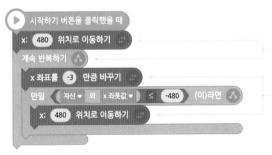

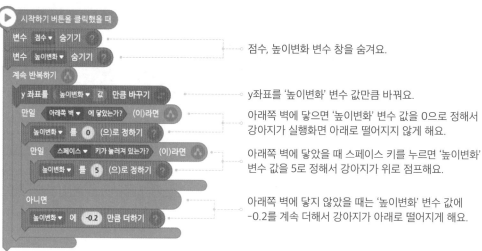

점수, 높이변화 변수 창을 숨겨요.

y좌표를 '높이변화' 변수 값만큼 바꿔요.

아래쪽 벽에 닿으면 '높이변화' 변수 값을 0으로 정해서
강아지가 실행화면 아래로 떨어지지 않게 해요.

아래쪽 벽에 닿았을 때 스페이스 키를 누르면 '높이변화'
변수 값을 5로 정해서 강아지가 위로 점프해요.

아래쪽 벽에 닿지 않았을 때는 '높이변화' 변수 값에
−0.2를 계속 더해서 강아지가 아래로 떨어지게 해요.

회오리바람(1)

그루터기

원본 모양을 숨기고,
무작위 초마다 복제본을
만들어요.

모양을 보이게 하고
화면 가장 오른쪽으로
이동해요.

오른쪽에서 왼쪽으로
이동해요.

강아지에 닿으면 게임을
끝내게 해요.

왼쪽 벽에 닿으면
복제본을 삭제해요.

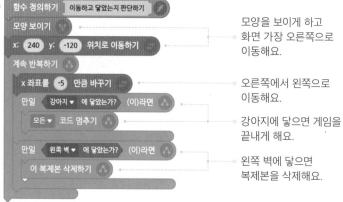

동전

계속 복제본을 만들어요.

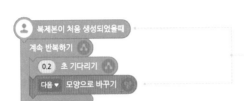

복제가 되면 계속 모양을 바꿔서 동전이 돌아가는 것처럼 보이게 해요.

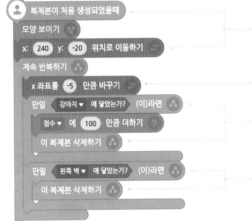

복제가 되면 모양을 보이게 하고 화면 가장 오른쪽으로 이동해요.

오른쪽에서 왼쪽으로 이동해요.

강아지에 닿으면 점수를 100만큼 더하고 복제본을 삭제해요.

왼쪽 벽에 닿으면 복제본을 삭제해요.

가
점수

0.1초마다 '점수' 변수에 1을 더해요.

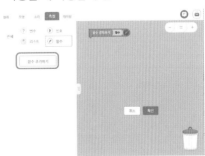

글상자로 현재 점수를 계속 표시해요.

TIP

- 함수는 반복되는 코드의 덩어리를 묶어서 자주 사용할 때 사용합니다.
- 함수는 **속성 탭-함수-함수 추가하기**에서 추가할 수 있습니다.

숲속 배경에서 왜 배경이 자연스럽게 흘러가는 것처럼 보이나요?

이 효과는 두 개의 배경을 가지고 만들 수 있습니다.

❶ 처음에는 배경 1의 x좌표를 0으로 정하고, 배경 2의 x좌표를 480으로 정해서 두 배경이 연결되도록 합니다.

❷ 그다음으로 두 배경을 왼쪽으로 움직이게 합니다. 그러면 두 배경이 붙어서 함께 이동합니다.

❸ 그러다가 배경 2가 실행화면 가운데에 오게 되고 배경 1이 실행화면에서 완전히 벗어나게 됩니다. 이때 배경 1의 x좌표는 -480이 됩니다. 배경 1의 x좌표가 -480이 되면 ❹ x좌표를 480으로 정해서 배경 2의 오른쪽으로 붙게 합니다. 이를 반복하면 배경이 계속 흘러가는 효과를 표현할 수 있습니다.

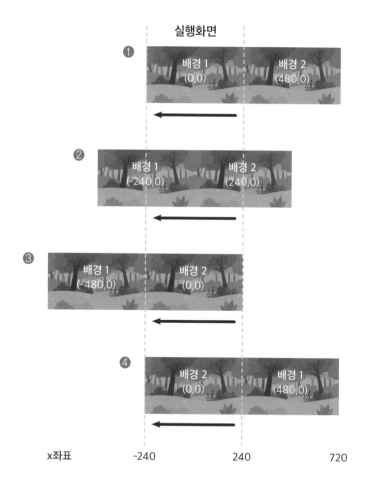

왜 스페이스 키를 누르면 점프하는 것처럼 보이나요?

점프하는 동작을 생각해 봅시다. 땅에 있을 때는 가만히 있다가 점프를 하는 순간 땅에서 떨어져서 올라갑니다. 그러다가 다시 땅으로 떨어지게 됩니다. 강아지 오브젝트의 코드를 보면 강아지의 높이(y좌표)를 '높이변화' 변수 값만큼 바뀌게 했습니다. 일단은 땅에 붙어 있으면 높이가 바뀌지 않도록 '높이변화' 변수 값을 0으로 정합니다. 그러다가 스페이스 키를 누르면 변수 값을 5로 정해서 강아지가 위로 올라가게 합니다. 이때 강아지가 땅에 닿지 않았기 때문에 '높이변화' 변수 값은 계속 -0.2만큼 더해집니다. 즉, 5였던 변수 값이 4.8, 4.6... 이렇게 점점 줄어들다가 0이 되는 지점이 옵니다(이때가 강아지 높이가 최고점입니다). 이어서 -0.2, -0.4... 이렇게 '높이변화' 변수 값이 마이너스가 되면서 강아지는 아래로 떨어지게 되고 결국 다시 땅에 닿게 되면 '높이변화' 변수 값을 0으로 정합니다.

더 나아가기

1. 강아지가 더 높이 점프하거나 더 빨리 떨어지게 해 보세요.
2. 오른쪽, 왼쪽 화살표 키를 눌러 강아지가 좌우로 움직이게 해 보세요.

진솔한 서평을 올려주세요!

제이펍의 책을 읽고 책의 장단점을 잘 보여 주는 솔직한 서평을 SNS, 블로그, 온라인 서점 등에 올려
주세요. 매월 다섯 분을 선별하여 원하시는 제이펍 도서 1부씩을 선물해 드리겠습니다.

■ 서평 이벤트 참여 방법
- 제이펍의 책을 읽고 자신의 블로그나 인터넷 서점에 서평을 올린다.
- 서평이 작성된 URL을 적어 아래의 계정으로 메일을 보낸다.
  review@jpub.kr

■ 서평 당선자 발표
매월 첫 주 제이펍 홈페이지(www.jpub.kr) 및 페이스북(www.facebook.com/jeipub)에 공지하고
당선된 분에게는 개별 연락을 드리겠습니다.

독자 여러분의 응원과 질타를 통해 더 나은 책을 만들 수 있도록 최선을 다하겠습니다.